生き方がラクになる「ハイキュー!!」の言葉

内田若希・河津慶太 著
Wakaki Uchida & Keita Kawazu

アドラー心理学で読み解き心を整える

大修館書店

目次

プロローグ

人生が困難なのではない。
あなたが人生を困難にしているのだ。
人生は、きわめてシンプルである。

（アルフレッド・アドラー　人生に革命が起きる100の言葉1）

とある三十代の女性のお話。彼女は、職場での人間関係がうまくいかず、情熱を傾けていた仕事を手放して、喪失感と空虚感に苛まれていました。自分が今まで努力を重ね、必死にもがきながら頑張ってきた時間がすべて意味をなさない。そんな感覚すら持っているようでした。そして、「人生は、どうしてこんなに困難なのだろう？」と、彼女は心の中で何度も繰り返し呟くのでした…。

これは、ありし日の私です。そして、いつかの（もしかすると今の）みなさんかもしれません。

生きていれば、さまざまな困難や難題にぶつかります。自分の夢や目標を追いかけたり、好きなことに打ち込んだりしているときでさえ、「楽しい」より「しんどい」のほうが多いものです。そして、私たちは、何度も悩んで迷ったり、時には傷ついたりします。そのような時間は、まるで「雨の日」のようです。雨の日は空がどんよりと灰色で、外を歩けば雨に濡れるし、気圧の変化で体調不良になることさえあります。「あぁ、雨の日なんて嫌いだ」―そんな風に思う人もいるかもしれません。しかし、雨の日を嫌いになり、雨の日はイヤなことばかりだと決めているのは、自分自身に他ならないのです。

　私たちは、たとえ降り注ぐ雨を止める術を持たなくても、「雨の日の傘のさし方」や「雨の日の楽しみ方」を身につけられます。つまり、さまざまな困難や難題に直面したときに、どのように軽やかに乗り越えていくのか、その難局をどのように楽しむのか、自分自身で選ぶことができます。悩んで迷ったり、傷ついたりしても、どのように前を向いて進んでいくのか、自分自身で決めることができるのです。さらには、晴れの日を当たり前のものと思ってただ通り過ぎるのではなく、「晴れの日をさらに楽しむ方法」を考えれば、人生をさらに豊かにできるでしょう。

　本書で扱うアドラー心理学は、「日常使いの心理学」と呼ばれ、「雨の日の傘のさし方」や「雨の日の楽しみ方」「晴れの日をさらに楽しむ方法」に結びつく実践的な学問です。アドラー心理学の考え方は、生き方をラクにし、人生の足取りを軽やかにしてくれるだけでなく、みなさんとつながりのある人たちや所属する共同体がより良くなることにも役に立ちます。そこで本書では、とてもユニークで、有用なヒントが詰まったアドラー心理学を、専門用語を極力用いずに解説し、誰にでも理解しやすい文章でお届けすることを目指したいと思います。

ところで、みなさんは「メンタルが強い人」と聞くと、どのような人を思い浮かべるでしょうか。おそらく、困難や課題にぶつかったとしても、目標に向かってやり遂げよう、挑戦し続けようという心の強さを備えた人を思い浮かべると思います。ポジティブ思考で失敗を恐れずに挑戦する人、自分に自信がありブレない人、気持ちの切り替えが得意な人、自分の考えを言語化してはっきりと伝えることができる人―なんだか、すごそうな人たちです。眩しいくらいに、キラキラしていそうな人たちです。

困難や課題にぶつかったときに、メンタルの強さを発揮して乗り越えられるなら、それで良いでしょう。しかし、この書籍を手に取ったみなさんは、「それができないから困っているのだ」と感じているのではないでしょうか。

しかし、安心してください。冒頭のアドラーの言葉にあるように、人生を困難にしているあなた自身の心を自分で整え、そして人生がきわめてシンプルで、たくさんのしあわせに満ちていると気づければ、もはや人生は困難なものではなくなります。そのために必要なものは、メンタルが強いか弱いかということではなく、心や生き方をラクにするための「心の整え方」を知っているかどうかだと思うのです。そこで本書では、アドラー心理学の考え方を取り入れたさまざまな「心の整え方」を紹介していくことにします。

　また、本書では、「心の整え方」を学ぶ手がかりとして、バレーボールにひたむきに打ち込む高校生たちを描いたスポーツ漫画『ハイキュー!!（古舘春一、集英社）』の登場人物の言葉を引用していきます。私が初めて『ハイキュー!!』を目にしたとき、アドラー心理学のエッセンスが随所に散りばめられていて、ただただ感嘆しました。主人公の日向翔陽選手は、一六〇センチメートル前半の小柄な選手です。高身長が有利なバレーボールにおいて、不利な自分の体格を嘆き、諦めるのは簡単でしょう。しかし、自分が持っている強みは何か、より良い未来のためにどのような道を選ぶのか、日向選手は考え続けます。

　その他の登場人物もみな魅力的で、いわゆる脇役に位置づけられる選手の一人ひとりに物語があり、誰もが自分の人生の主人公として描かれています。また、仲間との信頼関係のもと、各自がチーム（共同体）に貢献していく場面も多く登場します。これらのすべてに、アドラー心理学のエッセンスを見てとることができます。すでに述べた通り、本書は専門用語を極力用いずに、誰にでも理解しやすい文章でアドラー心理学を伝えたいと考えていますから、『ハイキュー!!』の登場人物の言葉は、みなさんがアドラー心理学をより身近なものとして捉える上で、きっと役に立つでしょう。

　そこで本書では、まずパート1で、アドラー心理学の基本的な考え方である「目的論」「個人の主体性（主体論）」「対人関係論」「全体論」および「認知論」の五つの理論について、ポイントを簡単に解説します。つぎに、「心の整え方」を学ぶ実践編として、パート2では人生を豊かにする心の整え方、パート3では自分の力を引き出すための心の整え方、パート4では仲間を信頼し、貢献する心の整え方について、『ハイキュー!!』の登場人物の言葉を引用しながら紹介していきます。

　また、『ハイキュー!!』がスポーツ漫画であることから、スポーツ心理学に基づくコラムも取り入れました（河津慶太さんのご担当）。このコラムでは、スポーツ心理学の知見を紹介し、競技スポーツや日常生活で役立つように解説しています。

「日常使いの心理学」「実践の心理学」として位置づけられるアドラー心理学は、日常生活の中で実践を繰り返すことで、その真価を発揮します。ぜひ、本書の内容を日々の中で丁寧に取り組んでみてください。私自身も、これまで絶え間なく実践を続けてきました（もちろん、今も続けています）。そして、今では、「人生は、どうしてこんなに困難なのだろう?」という気持ちを手放して、どんな雨の日も、そして晴れの日も、軽やかな足取りで進んでいます。本書を通じて「心の整え方」を学び、みなさんの日常生活や人生の彩りが、豊かで鮮やかなものにほんの少しでも変わっていくことを願っています。

内田　若希

アルフレッド・アドラー
（Alfred Adler、1870-1937）

Part 1

アドラー心理学とは？

アドラー心理学は、オーストリア出身の医師であるアルフレッド・アドラーによって、二十世紀初頭に創始されました。アドラーは、精神分析を築いたジークムント・フロイトや、分析心理学を創始したカール・グスタフ・ユングと並ぶ心理学の大家です。フロイト、ユング、およびアドラーは、初期の臨床心理学の礎を築き、その後の多くの心理学者に影響を与えたことから「心理学の三大巨匠」と呼ばれています。アドラー心理学には、自分の思考のあり方や行動のパターンを理解し、軽やかに生きていくために役立つヒントがたくさん含まれています。

パート1では、アドラー心理学の基本的な考え方である「目的論」「個人の主体性（主体論）」「対人関係論」「全体論」および「認知論」の五つの理論について、ポイントを簡単に解説していきます。なお、五つの理論を詳細に学びたい場合には、学術的・実践的に体系化された書籍が多く出版されていますので、目的や必要性に合った書籍を参照されてください。

1．目的論：変えられるものは「現在の自分」だけである

「子どもの頃に友人に仲間はずれにされたことがあるから、他の人とのコミュニケーションが苦手だ」「子どもの頃に父親に怒られてばかりだったから、男性の上司に怒られると萎縮してしまう」などのように、一般的には、過去の経験や出来事が現在の

自分に影響を及ぼしていると考えられがちです。このような考え方は、原因論と呼ばれています。

たしかに、現在に至るまでの過去の経験が、今の自分の思考や行動に影響を及ぼすことはあり得るでしょう。しかし、過去の経験や出来事は、すべて過ぎ去った時間の中に存在するものです。タイムマシンで過去に戻ってやり直したり、未来の結果が変わるように介入したりすることなど誰にもできません。つまり、過去にいくら原因を探しても、過去に戻ってそれを変えることはできないのです。

それでは、私たちが変えられるものとは何でしょうか。それは、現在の自分の思考や行動だけです。アドラーは、「人間の行動にはすべて目的がある」という目的論の立場をとりました。人間は誰でも、今より少しでも良くなりたいと思って生きています。みなさんも、ほんのわずかでも前進したり、少しでも理想の自分に近づいたりしようと思って生きているのではないでしょうか。その目的を達成するために、私たちは現在の行動を選択しているのです。そして、現在の自分が建設的な方向へと舵を切れば、未来はわずかであっても良いものに変わっていくはずです。したがって、過去の原因に囚われるのではなく、より良い未来のために、今、何をするのかを考えることが大切なのです。

2．個人の主体性（主体論）：生き方を決めるのは自分自身である

理想の自分や人生、将来の夢や目標を実現しようと必死に努力を重ねても、自分の思い通りに物事が進まない場合も少なくありません。そのようなときに、人は「もっと～だったら／もし～があれば、～できるのに」という考えに囚われたりします。たとえば、「もっと身長が高かったら、スポーツの場で活躍できるのに」「もっと若かったら、いろいろなことにチャレンジできるのに」のように考えたことがありませんか。このようなタラレバは、言いだしたら際限がありません。

たしかに、身体能力や体格、家庭環境などが、私たちの人生に与える影響はゼロではありません。しかし、それらが人生に何らかの影響を与えることはあっても、生き方を決定づける要因にはならないのです。では、私たちの生き方を決めるものは何でしょうか。それは、自分自身に他なりません。与えられたものをどのように意味づけ、その後の思考や態度、行動をどのようにするかを選択しているのは、自分自身なのです[2]。アドラー心理学では、これを個人の主体性（主体論）と呼んでいます。

もちろん、生まれ持っての身体能力や体格、家庭環境などの影響因は、自分でコントロールすることが難しく、思い通りにならない場合もあります。したがって、自分の生き方を決めるときに、無限に選択の自由があるわけではありません。しかし、影響因によって何らかの限界はあるけれども、それ以外の事柄については自分で決定で

きるのです。これを、やわらかな決定論と言います。やわらかな決定論についての理解を深めるために、ヴィクトール・フランクルの書籍『夜と霧』の内容を紹介したいと思います。

　ヴィクトール・フランクルは、オーストリア出身の精神科医です。彼は、約三年間に及んだナチス強制収容所での体験を元に『夜と霧』を執筆しました。その中で、強制収容所での過酷な重労働や看守からの暴力、深刻な飢え、迫りくる死の恐怖に苦しむ中にあっても、周囲の人間に優しい言葉をかけ、なけなしのパンを弱った仲間に譲っていた人たちを見て、次のように綴っています。

「そんな人は、たとえほんのひと握りだったにせよ、人は強制収容所に人間をぶちこんですべてを奪うことができるが、たったひとつ、あたえられた環境でいかにふるまうかという、人間としての最後の自由だけは奪えない（夜と霧—新版[3]、p．110）」。

　生きていれば、自分の力ではどうしようもできないことに出遭うかもしれません。しかし、たとえどのような状況にあっても、自分の生き方を自分自身で決められるのです。自分にないもの、持っていないものを数えるのをやめて、今の自分で何ができるのかを問い続ける姿勢を持っていきましょう。

3．対人関係論：人間の悩みはすべて対人関係の悩みである

アドラーは、人間が抱える悩みは「すべて対人関係の悩みである」と考えました。人間は他の人との関係性の中で行動し、発達していく社会的存在です。このため、悩みや問題は、個人の中だけで自然発生的に生まれるのではなく、必ず相手役がいて、その相手役との対人関係上で発生するのです。[4]

もしかすると、対人関係の悩みではなくて、自分個人の問題だと考えられるものもあるかもしれません。たとえば、学校や職場、スポーツなどにおいて、大事な場面でミスをしてしまったときに、「何をやっているんだ、自分は！」と自分自身に対して怒りや失望の感情を抱いた経験がありませんか。一見すると、怒りや失望の感情を向けた相手役は自分自身であり、対人関係の悩みではないように思えます。しかし、何のために「大事な場面でうまくやり遂げたいのか（ミスをしたくないのか）」という目的を考えてみると、他の人より優れた成果を出すためであったり、周囲の人（たとえば親や教師、上司、監督・コーチなど）から認められるためであったりと、さまざまな目的が潜んでいるのです。そしてそこには、自分以外の存在が浮かび上がってきます。もし、この世に他の誰も存在しなければ、競争や比較の対象となる相手も、自分に評価を下す相手もいないのですから、たとえミスをしたとしても悩みは生まれないはずです。このように、対人関係とまったく無関係に見える課題であっても、対人

関係の中でのみ意味をなすのです。[4]

また、アドラー心理学では、過去の対人関係は心の中にのみ存在するものと考え、それにこだわるのではなく、あくまでも現実の具体的な対人関係にアプローチすることを重視します。このことを考える上で、明治時代における曹洞宗の禅僧である原坦山が、修行仲間の禅僧と二人で各地を行脚していたときの話をご紹介しましょう。

あるとき、二人は橋のない川に行き当たります。そこで二人は、川の中に入って渡ることを躊躇している若い女性に出会います。女性に触れてはならないという戒めがありましたが、すぐさま坦山は、女性を抱えてその川を渡りました。向こう岸で彼らは女性と別れ、再び旅を続けました。しばらく黙々と歩き続けましたが、戒めを守って女性を助けなかった僧が、坦山に向かって咎めるように口を開きます。「修行中の身にもかかわらず、若い女性を抱えて川を渡るとはいかがなものか」と。これに対し、坦山は「たしかに俺はあの女を抱えて川を渡った。でも、俺はあの女をとっくに下ろしているのに、お前はまだあの女を抱えているのか」と答えるのです。

戒めを守った僧は、現時点において女性との対人関係は存在していないにもかかわらず、そこに執着することで、不要な悩み（怒り、不満、恥など）を生み出したのです。心の中に存在する対人関係はもはや過ぎ去った過去ですから、その人たちの言動に囚われる必要などないのです。

4．全体論：人の心の中に矛盾は存在しない

一般的に、「心と身体」「理性と感情」「意識と無意識」は相反するもののように考えられていますが、アドラーは人の心の中に矛盾や対立はなく、すべてがつながっていると考えました。なぜなら、仮に人間の頭や胴体、腕や脚を部分ごとに分割したら死んでしまいますし、それらをもう一度組み合わせたとしても人間が生き返ることがないように、人間は全体として一つの生命体であり、「心と身体」「理性と感情」「意識と無意識」などの部品の寄せ集めではないからです。[5]「木を見て森を見ず」という言葉にもあるように、各部分だけを見ると全体像が見えなくなってしまいます。したがって、一人の人間として、個人を全体的に捉える必要があるのです。

つまり、「心と身体」「理性と感情」「意識と無意識」という区別はあっても、それらには矛盾や対立はなく、その人個人の目的のために互いに補い合いながら、協働しているのです。[6]このことに関して、アドラーは「意識と無意識は同じ方向へと一緒に進んでいくのであり、しばしば信じられているように、矛盾するものではない。その上、意識と無意識を区別するはっきりとした境界線はない。両者の一致した動きの目

的を発見することだけが問題なのである（個人心理学講義―生きることの科学[7]、p. 25」と述べています。

なお、アドラーは、「分割できない全体としての人間」を扱うことから、アドラー心理学を〝individual psychology（個人心理学）〟と名づけました。〝individual（個人）〟とは、〝in + divide（分割できない）〟と〝individuality（個性）〟の意味が含まれています。そこには、「個人は、分割できない全体として、ユニークであり一貫している（幸せな劣等感―アドラー心理学〈実践編[8]〉、p. 57）」というアドラーの考え方が反映されているのです。

5. 認知論：人は「自分のメガネ」を通して世界を見ている

アドラー心理学では、出来事や体験などを自分なりに解釈したり、自分流に意味づけしたりして行動を決めていくと考えられています。過去の体験や記憶、価値観などによって作られた、独自のものの見方や考え方、思想や価値観などは、言うなれば「自分のメガネ」です。人は、この自分のメガネを通して世界を見て、行動しているのです。アドラー心理学では、この自分のメガネを私的論理（プライベート・ロジック）と呼びます。

この私的論理は十人十色であり、他の人の考えや意見と相違が生じたり、対人関係上の摩擦が起きたりすることもあります。大抵の場合は、話し合いをして歩み寄ったり、自分の考えを見直したりして、折り合いをつけながら解決していきます。しかし、折り合いをつけられないくらいに私的論理が歪んでいると、自分自身も困りごとを抱えたり苦しんだりしますし、周囲もそれによって振り回されてしまいます。[9] このような歪んだ私的論理のことを、基本的な誤り（ベイシック・ミステイクス）と言います。基本的な誤りには、①決めつけ、②誇張、③過度の一般化、④見落とし、⑤誤った価値観の五つがあります。

①の決めつけとは、事実ではなく可能性にすぎないものを断定すること、②の誇張とは、五のものをまるで一〇のように誇張したり、一部が全部であるかのように捉えたりすることを言います。③の過度の一般化とは、一部分に問題があると、すべてが問題であるかのように捉えたり、部分的な出来事や事象を一般化して考えたりすることです。一方、④の見落としは、ある部分のみを見て大事な側面を見過ごすことです。過度の一般化と見落としは似ている概念で混同されやすいのですが、木と森で考えてみるとわかりやすいでしょう。「森の中を歩いていて、一本の枯れた木を見つけただけで、この森はダメだ」と考えるのが過度の一般化、「森の中を歩いていて、青々とした葉を繁らせている木々には目もくれず、こっちの木は枯れかけているからダメ、あっちの木は幹が細いからダメ」というように、ネガティブな側面にばかり目を向け

るのが見落としてです。そして、⑤の誤った価値観とは、自滅的・破壊的な価値観で物事を捉えることを指します。たとえば、遅刻してきた人に対して「遅刻をするなんて人間として最低だ」と考える人がいますが、これは誤った価値観と言わざるを得ません。なぜなら、途中で急病人と遭遇し、その救護の手伝いをして遅刻したのかもしれないからです。そして、そのことをわざわざ説明しなかっただけかもしれません。にもかかわらず、自分の誤った価値観によって、遅刻した人の人格を「最低だ」と短絡的に決めつけてしまうと、対人関係に溝が生じることになります。これらの五つの基本的誤りの思考に気がついたら、一度立ち止まり、自分のメガネが曇っていないかをチェックする必要があるでしょう。

その他にも、アドラー心理学の重要なキーワードがいくつかあるのですが、これらについては必要に応じて適宜、説明したいと思います。なお、パート2からは、誰にでも理解しやすいように、専門用語を極力用いずに解説するように工夫をしました。必要に応じて、パート1を読み直していただけたら幸いです。

6. 『ハイキュー!!』の主な登場人物の紹介

さて、本書で参照する漫画『ハイキュー!!』は、架空の烏野高校が舞台となっています。烏野高校の男子バレーボール部は、全国大会にも出場した経験のある強豪校でした。しかし、指導者が不在となってから成績がふるわず、**「落ちた強豪　飛べない烏」**（30巻p. 31「第２６２話 いつだって前のめり」）と他のチームから揶揄されていました。そんな烏野高校のメンバーが、再び全国の舞台を目指して成長していく姿が描かれます。パート２に入る前に、主な登場人物を簡単に紹介しておきましょう。

日向《ひなた》 翔陽《しょうよう》 選手……一年生。『ハイキュー‼』の主人公。一六〇センチメートル前半の小柄な体格でありながら、驚異的な運動能力を発揮する。相手ブロックを翻弄する「最強の囮」として活躍する。

影山《かげやま》 飛雄《とびお》 選手……一年生。もう一人の主人公。高い技術と才能ゆえに独善的な面があり、中学時代はチームメイトとの関係性に亀裂が生じた。さまざまな経験を経て、仲間との信頼・協働を学ぶ。

澤村《さわむら》 大地《だいち》 選手……三年生。チームメイトからの信頼が厚い、頼れる主将。精神的支柱としてチームを引っ張る。

菅原《すがわら》 孝支《こうし》 選手……三年生。影山選手が入部するまではレギュラーだった。控えにまわっても自分の役割を見失うことなく、チームに貢献する。

東峰《あずまね》 旭《あさひ》 選手……三年生。チームのエースだったが、自信を喪失し一時的にチームを離れた。仲間の信頼に支えられ、心理的に成長を遂げる。

西谷《にしのや》　夕《ゆう》　選手・・・・二年生。「烏野の守護神」と称される守備専門の選手。熱く、男前な性格で、先輩・後輩問わず頼りにされている。

田《た》中《なか》龍《りゅう》之《の》介《すけ》　選手・・・・二年生。どんな場面でもチームを鼓舞し、精神面を支えるムードメーカー。面倒見が良く、後輩から慕われている。

月島《つきしま》　蛍《けい》　選手・・・・一年生。当初は「たかが部活」と冷めた態度を取っていたが、その優れた観察眼から次第にチームの司令塔的な役割を担う。

武《たけ》田《だ》　一鉄《いってつ》　監督・・・・烏野高校の教師。バレーボール未経験者でありながら監督を引き受け、選手やチームのために奔走する。

烏養《うかい》　繋心《けいしん》　コーチ・・・・強豪と言われた時代の烏野高校を率いた名将・烏養監督の孫。武田監督の度重なるスカウトの末、コーチを引き受ける。

なお、その他の登場人物の言葉もいくつか引用していますが、必要に応じて紹介したいと思います。それでは、アドラー心理学の考え方に基づく「心の整え方」を身につけ、日常生活でどのように活かしていくのかについて、パート2以降で学んでいきましょう。

アルフレッド・アドラー
（Alfred Adler、1870-1937）

Part 2

人生を豊かにする心の整え方

Topic 1

自分が「持っているもの」を使う

…確かにおれは　デカくないけど

…でも！

おれは　とべる!!

（1巻 p.19「第1話 終わりと始まり」）

―烏野高校 **日向 翔陽** 選手―

この言葉は、身長が高いほうが有利と考えられるバレーボールにおいて、一六〇センチメートル前半の日向選手が幾度となく発する言葉です。人は、自分が「持っているもの」ではなく、「持っていないもの」に囚われがちです。しかし、たとえ生まれ持った能力などに恵まれなかったとしても、自分が持っているものを使って努力したり、創意工夫したりして、自分の可能性に挑戦し続けることを選べるのです。

みなさんも、理想の自分や人生、将来の夢や目標について、一度くらいは思いを巡らせたことがあるのではないでしょうか。そして、それらを実現しようとして必死に努力を重ねても、すべてを手に入れることは簡単ではないし、自分の思い通りに物事が進まない場合も多いでしょう。そのようなとき、「もっと～だったら／もし～があれば、理想の自分や人生へと近づくことができるのに。夢や目標を叶えることができるのに」といった気持ちを抱くこともあります。

「もっと身長が高かったら、一流のスポーツ選手として活躍できるのに」

「もっと若かったら、失敗を恐れずチャレンジできるのに」

「もし、家が裕福なら、海外留学をして、グローバルな人材として活躍できるのに」

タラレバを考えても意味がないと頭では理解していても、心の中にはそのような思いが渦巻いてしまうときもあるでしょう。そして、そう考えているときほど、自分が持っていないもの、自分には与えられていないものを手にしている人が、なぜかよく目に入るものです。そのような人と自分を比較して、羨望や妬み、悔しさ、惨めさなどを感じることもあるかもしれません。さらには、理想や夢、目標を達成するために必要な能力や環境を、自分は持っていないからできない、与えられていないからできないと考えてしまいがちです。最終的には、「だから、できなくても仕方がない」と考えるようになり、思い描いた理想の自分や人生、将来の夢や目標を諦めるかもしれません。

しかし、個人の主体性を重視するアドラー心理学では、何か理由があって「できない（can not）」のではなく、「しない（will not）」ことを自分自身が選んでいると考えます。理想の自分や人生、夢や目標というものは、一朝一夕に実現できるものではなく、往々にして困難を伴うものです。また、その達成に向けて、うまくやり遂げる自信がないとか、もしくは失敗して人から笑われたり、馬鹿にされたりしたくないと感じることもあります。そして、自信やプライドが傷ついたり、こんな人間でありたいという理想が脅かされたりする事態が生じる可能性について、意識的であれ無意識的であれ察知すると、それを回避するために「できない」理由を持ち出すのです。このように、本当は達成したいと思っているのに、言い訳をすることで「だから、できなくても仕方がない」と自分の心を納得させて欺くことを自己欺瞞と呼びます。この自己欺瞞を理解するわかりやすい例として、イソップ寓話の一つである『すっぱい葡萄』の話を紹介します。

ある日、お腹を空かせたキツネが木の上に葡萄の房を見つけますが、葡萄の木が高くて何度ジャンプしても届きませんでした。そこで、キツネは思うのです。「あの葡萄はきっとすっぱいに違いない。最初から食べる気なんてなかった」と。葡萄を手に入れようと努力をしても、どうやっても届かないかもしれない、失敗して他の動物たちから笑われるかもしれない。そのような自分の能力のなさに直面したり、うまくいかずにプライドが傷ついたりする可能性を回避するために、キツネは「葡萄はすっぱいから、食べる気なんてない」という言い訳を使って自分を納得させたのです。

このキツネの行動からもわかるように、理想の自分や人生、夢や目標を叶える過程において、さまざまな課題や困難が目の前に立ちはだかるときに、自分の能力のなさに直面すること、うまくいかずにプライドが傷つくこと、周囲からの評価が下がることなど、人は自分が望まない未来をあれこれと想像します。そして、それを回避するために、課題や困難に挑戦しないと自分で決めた上で、できない理由を並べることで挑戦しない自分を納得させているのです。また、できない理由を使って言い訳をし続ける限り、その課題や困難に向き合わないですむので、挑戦する不安も、失敗して周囲からの評価が下がる恐れも、少なくとも当面は感じずにいられるのです。

近頃では、「親ガチャ」という言葉を頻繁に目にするようになりました。親ガチャとは、親の学歴や経済力などの家庭環境が、子どもの人生を左右するほど大きな影響力を持つにもかかわらず、「どのような親」「どのような境遇」に生まれるかは選べず運で決まることから、「カプセルトイ（いわゆるガチャガチャ）」やソーシャルゲームの「ガチャシステム」になぞらえて表現したものです。国語辞典『大辞泉（小学館発行）』編集部が選定する「大辞泉が選ぶ新語大賞２０２１」では親ガチャが大賞に選ばれており、世の中に広く認知された言葉となっています。しかし、この親ガチャという言葉は、自己欺瞞を映し出した最たるものだと思うのです。たしかに、身体能力や体格、家庭環境などが、私たちの人生に与える影響はゼロではありませんが、「身体的に恵まれていないから、家庭環境が不遇だから、必ず○○になる」という決定因にはならないのです。自分の人生の主役は、いつでも自分自身に他なりません。理想の自分や人生、将来の夢や目標を実現するために、どのように一歩ずつ進んでいくのか、どのように課題や困難を乗り越えていくのか、それを決定しているのは、他者でも環境でもなく、自分自身なのです。

一六〇センチメートル前半の日向選手は、バレーボールの特性上、身長が不利なことは間違いありません。しかし、そうであっても、**「…確かにおれは　デカくないけど　…でも！　おれは　とべる!!」**という言葉にあるように、自分の理想や目標に近づこうと考える人は、努力を積み重ねたり、どうしたら少しでも前進できるかを考える創造性を発揮したりして、挑戦し続けることを選びます。また、『ハイキュー!!』には、日向選手と同様に一六〇センチメートル台の選手が登場しますが、彼もまた**「小さい事は　バレーボールに　不利な要因で　あっても　不能の　要因では無い!!」**（28巻 p. 61「第２４５話 鮮烈」）と言いきります。まさに、アドラー心理学の考え方そのものです。アドラーは、「重要なことは、人が生まれながらに受け継いだものではなく、その受け継いだものをどう使いこなすかということである（現代に生きるアドラー心理学―分析的認知行動心理学を学ぶ[2]、p. 54）」と述べています。身体面や環境的な条件のディスアドバンテージがあったとしても、今の自分が持っているものをどのように使って挑戦するのか、それとも、自分が持っていないもの、自分には与えられていないものに目を向けて、ないもの探しに終始し、挑戦しないことを選ぶのか、その決定権を握っているのは自分であるということを覚えておいてください。

　ここまで、今の自分が持っているものを使って挑戦する大切さを述べてきましたが、そうはいっても多くの場合、人は「持っているもの」より「持っていないもの」、「与えられているもの」より「与えられていないもの」に目が向きがちです。したがって、

「もっと〜だったら／もし〜があれば、〜できるのに」のような気持ちを抱くのは、誰にでもあり得るものです。しかし、それを放っておけば、人を妬んだり、心が苦しくなったりして、最後には挑戦をしない選択に至ることになります。そこで、ないもの探しから脱却するための手がかりとして、「知足」という言葉を紹介します。この言葉は、道家の始祖である老子（生没年は不詳）の「足るを知る者は富む（知足者富）」という教えに由来するものです。簡単にまとめると、「人間の欲望には際限がないけれど、満足することを知っている者は、たとえ貧しくとも心は豊かで幸福を感じることができる」ことを意味しています。また、健康維持やダイエットのために女性を中心に人気のヨガは、身体的なポーズの実践だけでなく、思想的な支えとなるヨガ哲学が体系化されています。このヨガ哲学の教えをまとめた経典『ヨーガ・スートラ（紀元前の古代インドから口承《こうしょう》され、四〜五世紀頃に編纂）』の中にも、「サントーシャ」という言葉が存在します。サントーシャとは知足を意味するサンスクリット語で、老子と同様に、「今の自分が持っているものに気づき、それに対して感謝をすること」の大切さを教える言葉です。

「もっと〜だったら／もし〜があれば、〜できるのに」のような気持ちが心にわいてきたときは、「知足」を思い出してください。そして、「もっと〜だったら／もし〜があれば、〜できるかもしれない。でも、今の自分が持っているもので、何ができるだろうか。どんなに工夫ができるだろうか」と思考する習慣をぜひ身につけてください。冒頭の**「…確かにおれは　デカくないけど　…でも！　おれは　とべる!!」**という日向選手の言葉は、「もし、おれがデカかったら、ブロックにつかまらずにスパイクを打てるかもしれない。でも、おれには跳躍力がある。だから、とぶことをやめる理由にはならない」という信念が、端的に伝わってくると思いませんか。自分が持っているものに意識的にスポットライトを当てれば、今まで気がつかなかった可能性を発見することがきっとできるはずです。

■内発的動機づけ

「動機づけ」というのは、わかりやすく言うと「やる気」です。やる気は、スポーツ選手に限らず、すべての人に対して必要なものです。やる気は、大きく分けて「内発的なやる気」と「外発的なやる気」とに分かれます。[1] 内発的なやる気は、「それがやりたいからやっている」という状態です。たとえば、「サッカーをやること自体が、楽しくてやっている」「勉強をして新しい知識を得ることが好きで勉強をしている」などがこれにあたります。一方、外発的なやる気は、「ある目的を達成するために特定の行動を起こそうとしている」ことです。たとえば、「監督から怒られることを避けるために、嫌いな練習に取り組む」「給料をもらうために、仕事をする」などがこれにあたります。また、「将来医者になりたくて、勉強に励む」なども外発的なやる気に含まれます。つまり、二つのやる気は、その理由や目的に決定的な違いがあると言えます。内発的なものは、それをすること自体が目的で、外発的なものは、別の目的があるということです。

この二つのやる気は、外発的なやる気よりも内発的なやる気のほうが良い、と言われがちです。しかし、どちらが良くてどちらが悪いと簡単に優劣をつけることはできません。たとえば、先ほど「将来医者になりたくて、勉強に励む」という例を挙げました。この例は外発的なやる気の一つですが、それほど悪いようには感じませんよね。なぜ悪く感じないのでしょうか。それは、勉強に励むことを自分で決めているように感じるからです。いわゆる自主性です。自主性が強くなればなるほど、やる気が高まっていくという理論もあります。[2] つまり重要なのは、やる気の理由や目的は何なのかというよりも、やることを決めたのは自分かどうか、ということだと言えます。

自主性の強さに着目すると、外発的なやる気でも十分である場合があります。しかし、外発的なやる気はときに、結果を気にしすぎて余計なプレッシャーをかけてしまうこともあります。たとえば、医者になりたいと思っている人は、医学部の受験のときに「落ちるわけにはいかない」と緊張して頭が真っ白になってしまうかもしれません。一方、内発的なやる気は、行動自体が目的になっているので結果を気にすることがありません。勉強の例でいうと、テストを受けたとしても、難しい問題を解くということ自体が楽しいので、結果何点とるかということはその人にとっては重要ではありません。もくもくとテストに取り組むことでしょう。このように、試合や試験などの本番での実力発揮に注目すると、内発的なやる気はとても大切なものです。いわゆる楽しんだもの勝ち、という感じです。

『ハイキュー!!』の主人公である日向選手は、誰よりも純粋にバレーを楽しんでいるように描かれています。チームが負けそうになり、みんなが苦しそうな場面でも、嬉々としてボールを追いかけています。そんな日向選手を見て、そのときの対戦相手の選手が言った言葉がこちらです。

飯食うみたいに　バレーしよる

（32巻 p.87「第282話 メシ」）

―稲荷崎高校 **宮　治** 選手[注]―

このときの日向選手は、勝ちたいとか、応援してくれるみんなのためにとか、そういったことを超越した状態にあるような描写がされています。まさに内発的なやる気を発揮している瞬間でした。フードファイターでもなければ、ご飯を食べているその瞬間に勝ち負けを意識するなんてことはありません。ご飯は、食べたいから食べているのです。それと同じレベルで、このときの日向選手はバレーをしていたのです。

では、日向選手のような内発的なやる気を持つには、どうしたらよいでしょうか。それには、以下の三つの欲求を満たしてあげると良いとされています。その三つの欲求とは、①自分には能力があると感じたい（自分に自信を持ちたい）という欲求、②自分の行動は自分で決めたいという欲求、③周りの人と密接な関係を持ちたいという欲求です。では、この三つの欲求を満たすためには、具体的にどうしたら良いでしょうか。たとえば、自分の勉強や練習、仕事において、うまくいったことを日記などで書く、勉強や練習の仕方、仕事の方法などを自分で考えて実践してみる、他者と協力して勉強や練習、仕事に取り組んでみる、などが考えられます（専門家の方と取り組みを振り返ることができるとなお良いです）。このような行動を取り入れて継続していくと、徐々に三つの欲求が満たされていき、より自主性が高まり、内発的なやる気に近づくことができるでしょう。

注：宮　治選手……烏野高校が全国大会二回戦で戦った稲荷崎高校の主力選手。

Topic 2

「現実の自分」と「理想の自分」のギャップを原動力にする

俺達はまだ　発展途上も　いいとこだし
「才能の限界」なんて　わかんないだろー
―もし　それを　感じる事が　あったとしたって
それでも　上を目指さずには　いられない
理屈も　理由も　分かんない　けどさ

（10巻 p.168「第89話 理由」）
―烏野高校 **澤村 大地** 選手―

「現実と理想のギャップ」という言葉があるように、現実の自分と理想の自分の間には、基本的にはズレがあるものです。そして、そのズレが大きいほど、理想に遠く及ばない自分（もしくは、そこに到達できないであろう自分）に限界を感じて、迷ったり、苦しくなったりすることもあるでしょう。この言葉は、その迷いの只中にいる月島選手の秘めた可能性を信頼するキャプテン・澤村選手が発した言葉です。ここでは、理想の自分に向かって歩みを進めている「発展途上」の自分と、どのように向き合えば良いのか考えてみたいと思います。

　みなさんにとって、「こうありたい」もしくは「こんなふうになりたい」と思う理想の自分とは、どのような自分でしょうか。どのような学校を出て、どのような仕事をしていて、どのような友人やパートナーに囲まれているのが理想でしょうか。お金をどのくらい持っていて、どのような場所に住んで、どのような生活スタイルで日々を過ごしたいでしょうか。また、企業に勤めている人であれば、社会人としてどのような自分になることが理想でしょうか。他にも、生徒・学生として、アスリートとして、母親・父親として、教師・指導者として、どのような自分であることを理想としていますか。少し時間をとって、考えてみてください。

　では、現在の自分について考えたときに、その理想の自分との間にはどのくらいギャップがありますか。おそらく、現在の自分と理想の自分がピタリと一致することはなく、両者の間には少なからずズレが生じていると思います。この現実の自分と理想の自分の間のギャップが大きい人ほど、自己否定や自己嫌悪に陥りやすかったり、物事の遂行に際して自信が低かったりする傾向にあります。そして、理想の自分に遠く及ばない自分をダメな人間だと考えたり、理想の自分に到達するほどの才能を備えていないと決めつけて、自分で限界を設定したりするのです。

しかし、そこで立ち止まってすべてを投げ出して、本当に「完全に終わり」にしているでしょうか。自分はダメな人間だと思おうと、才能がないと感じようと、理想の自分に何とかして少しでも近づけないかを模索していませんか。わずかであっても現状を変えようと、もがいたりしていませんか。これまでにみなさんは、競技スポーツ場面で自分より格上の対戦相手に圧倒されたとしても、仕事のプレゼンテーションで上司から酷評されたとしても、今よりほんの少しでも前に進むための方法を探し続けた経験があるのではないでしょうか。冒頭の**「俺達はまだ　発展途上も　いいとこだし　『才能の限界』　なんて　わかんないだろー　―もし　それを　感じる事が　あったとしたって　それでも　上を目指さずには　いられない　理屈も　理由も　分かんない　けどさ」**という澤村選手の言葉にあるように、たとえ才能の限界を感じることがあっても、ときには立ち止まることがあったとしても、それでも前へ進もうとしているのではないでしょうか。

では、なぜ人は、才能の限界を感じることがあっても、上を目指そうとするのでしょうか。澤村選手は**「理屈も　理由も　分かんない　けどさ」**と言っていますが、アドラー心理学を学べば、その理屈も理由も理解することができるでしょう。このことについて、詳しく説明していきます。

アドラー心理学では、かくありたいと望んでいる理想の自分と、現実の自分を比較した際に生じる感情を、劣等感と呼んでいます。一般的に、劣等感とは、才能や富、身体的な外見などのさまざまな事柄に関して、他の人と比較して自分が劣っていると感じるネガティブな感情を指します。しかし、アドラー心理学では、「他の人との比較」ではなく、「理想の自分との比較」に基づいて劣等感を捉えることがポイントになります。

人はみな、今より少しでも良くなることを希求して生きています。ほんのわずかでも良いから前進したり、理想の自分に近づいたりしようと思って生きているのです。しかし、多大な時間と労力を使って努力しても、すぐに理想の自分になれるわけではありませんし、理想とする自分は常に高く設定される傾向があります。また、一つ実現したと思っても、そこからさらに新しい理想の自分が生まれることもあります。つまり、現実の自分と理想の自分が完全にピタリと一致することは永遠にないと言っても過言ではなく、私たちは絶えず劣等感とともに生きているのです。そして、この現実の自分と理想の自分の間のギャップから生まれる劣等感こそが、私たちを突き動かす原動力となるのです。このことについてアドラーは、「すべての人は劣等感を持っている。しかし、劣等感は病気ではない。むしろ、健康で正常な努力と成長への刺激である（個人心理学講義―生きることの科学[7]、p.45）」と述べています。理想の自分と比較して劣等感を抱いたとしても、それは決してネガティブなものではなく、人が成長していくための原動力なのです。

どんなに優秀だと評される人であっても、何の欠点もない完璧な人間など存在しません。人はいつでも、理想とする「完全な自分」へ向かう道のりを、少しずつ歩いている「不完全な自分」なのです。澤村選手の言葉を借りれば、人はみな**「発展途上」**にいるのです。それは、何歳になろうと変わりません。たとえば、年齢を重ねれば、理想の最期の迎え方を考えるようになります。いくつになろうとも、人は理想の自分のあり方を考え、それを追求し続けているのです。

したがって、この不完全な自分とどのように向き合うのか、不完全な自分をどう受け入れるのかを知っておくことは、劣等感とともに生きる私たちの足取りを軽くしてくれるでしょう。もちろん、不完全な自分を受け入れることは、口で言うほど簡単ではないと感じる人もいると思います。そこで、不完全な自分が苦しくなったり、嫌いになりそうになったりしたときは、「自分の『長所や得意なこと、できていること』には目を向けずに、『短所や苦手なこと、失敗したこと』だけを考える」といった思考パターンに陥っていないか、省みるようにしてください。この思考パターンは、端的に言えば、自分に対してダメ出しだけをしている状態です。誰しも長所があれば短所もあるし、得意なことがあれば苦手なこともあります。ところが厄介なことに、ネガティブな情報や感情はポジティブなものよりも大きな影響力を持つだけでなく、より記憶に残りやすい性質を持っているため、人間はこのような思考パターンに陥りやすいのです。

　そして、このような思考パターンに陥っていることに気がついたら、次に「それは本当？」というシンプルな質問を自分に投げかけてください。たとえば、「プレゼンテーションは苦手だ。今日もうまく質問に答えられなかった。自分はなんてダメなんだ…」と考えたとします。その際に、「それは本当？ 苦手だからこそ事前に準備をして、明快に伝えるように努力したのでは？ 誠心誠意、質問に答える努力をしたのでは？ そもそも『今日も』うまく答えられなかったって、それは本当？ 少しであっても、うまくできた日があったはずでは？」と確認していくと、自分の長所や得意なこと、できていることが浮かび上がってくるはずです。

　また、「今朝は疲れていて朝食が手抜きになった。私はダメな母親（妻）だなぁ…」

と落ち込んだときには、「それは本当？ 疲れていたのに、朝食を作ったのってすごいことだよね？」と考えてみると、完璧ではなくとも、自分がやれていることに気がつけるはずです。どんなにささやかなものでも良いので、自分の長所や得意なこと、できていることに意識的にスポットライトを当ててみてください。きっと、今までとは違う視点から、不完全な自分に寄り添えるはずです。

なお、前記のことを伝えると、「そうは言っても、ダメなものはダメなんです。なぜなら私は…」と、さらに自分の短所や苦手なこと、失敗した事柄を並べて、いかに自分がダメであるかを説明する人がいます。そのような人は、第三者の立場になって考える練習がオススメです。たとえば、先ほど例に挙げた内容で落ち込んでいる親友に対してなら、どのように伝えるでしょうか。「そうだね。プレゼンテーションが苦手だし、質問にも答えられなくて、キミって本当にダメなヤツだね」と追い打ちをかけるようなことを言うでしょうか。「疲れていても朝食くらい作りなよ。そんなことができないなんて、あなたってダメな母親（妻）ね」と罵るでしょうか。おそらく、多くの人がそのような言い方ではなく、温かくて建設的な言葉を選ぶはずです。第三者に向けるような眼差しを、自分自身にも向けることが肝要です。

そして、発展途上にいる不完全な自分は、何らかの努力を続ければ、明日は今日より少しだけ良くなった状態になります。一日一歩進めば、一年後には三六五歩も前進します。成果がはっきりと目に見えなかったとしても、その一歩がどんなに小さなものであったとしても、明日は今日よりも着実に前進しているのです。『ハイキュー‼』の中に登場する**「『苦しい。もう止まってしまいたい。』そう思った瞬間からの、一歩。」**（1巻pp.123-124「第4話 最強の味方」）という言葉はとても印象的です。理想の自分とのギャップに向き合うことは苦しいものではあるけれど、そのギャップが自分を突き動かす原動力になるし、その一歩の繰り返しが、理想の自分へと続いていることを思い出させてくれます。理想の自分が遥か遠くに見えて、自分はダメな人間だという考えに飲み込まれたり、才能の限界を感じてマイナスの感情から抜け出せなくなったりしたときは、一度立ち止まって前述の思考パターンに陥っていないかを確認してください。そして、**「発展途上」**の人生を、あと一歩、前へと進んでいきましょう。

■シロクマ理論

シロクマのことを考えてはいけないと言われた人は、逆にシロクマのことを考えてしまうという「人間のある種無意識の習性を現わしている理論」です。[3] トピック2においても、人間はネガティブな情報や感情に大きく影響を受けやすく、また記憶に残りやすいと説明していますが、この話にも関連するような性質です。

『ハイキュー!!』においても、シロクマ理論に関連するような場面が描かれています。

リベロには　打たないっ　―って思うと　行っちゃうの　なんでだろ

（11巻p．173「第98話 会話」）

―烏野高校 **山口　忠** 選手[注]―

この言葉は、練習場面で、烏野高校の山口選手が言っていたものです。スポーツをされている人は「あるある」とうなずいてしまうのではないでしょうか。

実際のスポーツにおいても、野球のピッチャーに、①相手バッターの苦手コースだけを教えた場合と、②苦手コース＋得意コースも教えた場合では、②のほうがプレッシャーのかかる場面で二倍ほど多く相手の得意コースに投げてしまったという研究報告があります。[4] つまり、ピッチャーはプレッシャーを感じているとき、「〜だけには投げるなよ」と言われると、逆にそこに投げてしまうということです。研究では、ピッチャーの動きが悪くなったことが原因ではなく、無意識的にバッターの得意コースにコントロールしてしまった結果、投げてはいけない場所に投げてしまったと考えられています。

このように、人の性質として、「〜をしてはいけない」という状況になると、余計にそのことについて考えたり、やってしまったりすることがあります。特にプレッシャーのかかる場面でよく起こるようです。スポーツ場面に限らず、考えないほうが良いネガティブな側面に無意識的に注目してしまい、その後の思考や行動が影響を受けてしまうということはありませんか。

スポーツ場面においても日常場面においても、まずは「〜をしてはいけない」という思考の仕方を、「〜をしよう」に変えてみることが重要になってきます。そして、そのような言葉を、自分にかけてあげられるようになることを目指してはいかがでしょうか。

注：山口　忠 選手……烏野高校一年生の控え選手。サーブを武器として活躍。

1コだけ確実なのは
今の影山は
「自分は間違っている　可能性がある」
って　**わかってるって事**

（25巻 p.165「第224話 返還」）
—烏野高校 **菅原 孝支** 選手—

人は「独自のものの見方や考え方（＝自分のメガネ）」に基づいて、物事を解釈しています。この自分のメガネを通して見る世界は、あくまでも自分にとって「そう見える」という主観にすぎません。「自分は間違っている可能性がある」というのは、自分のメガネが誤っている可能性を知っているということです。そして、自分とは異なる見方や考え方に気づきを向けながら自分のメガネを変えていけば、より広い視野で世界を見ることができるでしょう。

みなさんは、友人や同僚、先輩や上司、チームメイト、家族などと、考えが合わないときや関係性があまりうまくいっていない場合に、「自分の考えを理解してほしい」「相手に変わってほしい」と感じたことがありませんか。そして、何とか自分の考えをわかってもらおう、相手に変わってもらおうとして、あの手この手で方法を考えて実践しても、うまくいかないことのほうが多かったのではないでしょうか。たとえば、厳しく威圧的な物言いで指導をしてくる先輩や上司に対して、いかに自分が一生懸命に取り組んでいるか、成果を出しているかを伝えても、先輩や上司からの言葉は変化しないかもしれません。なぜなら、相手は叱咤激励をしているつもりだったり、期待をかけているからこそその言葉だと考えていたりして、厳しくしているつもりも、威圧的な態度をとっているつもりもない可能性があるからです。

「脱いだ靴下は洗濯カゴに入れて」「使わない部屋の照明は消して」と家族に何度伝えても、「わかった、わかった」と適当な返事をするだけで、いつになっても行動が変わらないことがあります。なぜなら、靴下が床に脱ぎ散らかしてあるのをイヤだと感じているのも、電気代の節約のために照明を消しておく必要があると考えているのも自分であって、相手はそれについて何とも思っていない可能性があるからです。そして、徐々にイライラして、怒りを相手にぶつけてしまうと、相手を支配しようとして主導権争いに発展し、余計に疲れてしまうことさえあります。あるいは、自分が大事にされていない、蔑《ないがし》ろにされているという感情が生まれ、自分自身が悲しい気持ちになるだけです。このような相手との折り合わなさの源泉がどこにあるのか、まずはそこから考えてみましょう。

　人は誰でも、過去の体験や記憶などによって作られた、独自のものの見方や考え方、価値観などを持っています。この独自のものの見方や考え方、価値観は、言うなれば「自分のメガネ」です。そして、人は自分のメガネを通して、物事を解釈したり、自分流に意味づけしたりして、どのように行動するかを決めています。自分のメガネは人それぞれで異なり、一〇〇人いれば一〇〇通りのメガネがあります。したがって、誰もが独自のメガネをかけて世界を見ているため、たとえ同じ出来事に遭遇したとしても、その受け止め方や行動は千差万別です。たとえば、「アメリカと月はどちらが近いか？」と問われれば、みなさんは「アメリカのほうが近い」と答えるでしょう。日本からアメリカまでの直線距離が約一万キロメートルで、地球から月までは約三八万キロメートルだという正確な数値は知らずとも、アメリカまでの距離のほうが近いことを、客観的事実として理解しているからです。

一方で、幼い子どもに同じ質問をすると、「月のほうが近い」と答える確率が高くなるかもしれません。なぜなら、子どもはアメリカまでの距離のほうが近いことを客観的事実としてみなしておらず、自分の目で見たことがないアメリカではなく、何度も目にしたことのある月が近いと考えるからです（もちろん、アメリカに旅行した経験や、早期教育によって学習した場合は除きます）。また、月の満ち欠けによって、天気が良くても見える日と見えない日がありますので、「月のほうが近いけど、時々消えちゃうときはわからないなぁ…」と考えるかもしれません。

もう一つ、別の例で考えてみましょう。みなさんが道を歩いていると、前方に座っている「白くて小さな犬」がこちらをじっと見ています。シッポをパタパタと振っているようです。さて、みなさんはこの後、どのように感じて、どのように行動するでしょうか。犬と一緒に暮らしている、もしくはその経験がある人や、犬が大好きな人は、「かわいい犬」がいると考えて近寄り、頭を撫でたり、抱き上げたりするかもしれません。しかし、子どもの頃に犬に追いかけまわされたり、噛みつかれたりした経験があると、考え方や行動が変わってきます。たとえどんなに小さな犬であっても「怖い犬」が前方にいると考えて立ち止まり、できるだけ距離をとって歩く、もしくは迂回路を探そうとするかもしれません。犬が大好きな人は「すごくかわいいよ。噛まないから大丈夫だよ。ちょっと触ってみなよ」などと言うのですが、犬が苦手な人からすれば「怖いものは怖いのだから、勘弁してくれ」と心の底から思っていたりするものです。このように、その物事がどのような意味を持つのかといった捉え方だけでなく、それに基づいて選択する行動も、人によってまったく異なるのです。

　そして、自分のメガネは、どれが良くてどれが悪いといった優劣はありません。自分のメガネを通して見る世界は、あくまでもその人にとって「そう見える」「そう思える」という主観であり、いつでも「すべての意見は唱える本人から見ると正しい（現代に生きるアドラー心理学―分析的認知行動心理学を学ぶ、[2] p. 89）」のです。

　みなさんは、『ロバを売りに行く親子』という寓話をご存じでしょうか。ある日、父親と息子が、ロバを売るために市場へと向かっていました。二人でロバを引いて歩いていると、通りすがりの人から「せっかくロバがいるのに、乗らないで歩いているなんてもったいない」と言われました。父親はその意見になるほどと思い、息子をロバに乗せることにしました。その後も、別の人から「元気で若い自分が楽をして、年老いた父親を歩かせるとは、なんて罰当たりな息子だろう」と言われたために父親がロバに乗ることに変えても、「自分だけ楽をして子どもに歩かせて、なんてひどい父親だろう。二人でロバに乗れば良いだろう」という人が現れたのです。そして、二人でロバに乗って市場を目指すことにすると、また別の人から「なんてひどい親子だ。二人でロバに乗るなんて、ロバがかわいそうだ。ロバを思いやる気持ちはないのか」と言われてしまいます。そこで親子は、一本の棒にロバの両足を縛って吊り上げ、二人で担いで歩くことにするのですが、その不自然な姿勢を嫌がったロバは橋の上を通りかかったところで暴れ出し、最後には川に落ちて流されてしまうのです。この寓話からわかるように、誰にとっても正解となるたった一つの答えは存在せず、その場にいる人の数だけ、各人にとっての正解（と思えるもの）が無数に存在するのです。

　したがって、自分が今、正しいと思っていることがあるとしても、それはあくまでも自分のメガネを通して意味づけしたものであり、自分にとっては「そう見える」ということなのです。言い換えれば、自分のメガネを通して解釈したり、意味づけしたりしたものは、他の人にとっては**「間違っている　可能性がある」**ということなのです。

『ハイキュー!!』に登場するセッターの影山選手は、中学時代のある試合で、勝つためには相手チームのブロックを振り切る速くて高いトスが必要であり、それこそが勝つための唯一の方法だと考えました。しかし、それは影山選手にとっては正解であっても、他の選手から見ればタイミングを合わせて打つことのできない無茶なトスであり、打てないトスは勝つ上で何の意味も持たないものでした。このとき、影山選手は、チームメイトに対して**「もっと速く動け!!　もっと高く跳べ!!　俺のトスに　合わせろ!!　勝ちたいなら!!」**（1巻p．161「第6話 中学のハナシ」）と言い放ちます。自分にとって、それが正解に見えたとしても、自分のメガネを通して見たものはあくまで自分の個人的な基準やルールにすぎません。にもかかわらず、影山選手は「相手にこうあってほしい」「相手はこうするべきだ」という自分の考えと相反するチームメイトにイライラして、相手をコントロールしようとしたのです。結果として、信頼関係が破綻し、チームメイトから完全に拒絶されたことで、影山選手は**「自分は間違っている　可能性がある」**こと、つまり、自分のメガネが誤っている可能性に気づけたのです。

　このように、自分には理解できない、あるいは自分から見ると不適切と思われる相手の思考や行動は、自分のメガネを通して評価しているものにすぎません。最初に例として挙げた、厳しく威圧的な物言いで指導をしてくる先輩や上司、「脱いだ靴下は洗濯カゴに入れておいて」「使わない部屋の照明は消して」と何度伝えても実行してくれない家族との折り合いがつかないのは、自分のメガネを正しいと考え、その基準で相手を変えようとしてうまくいかず、徒労に終わっているからなのです。大切なのは、**「自分は間違っている　可能性がある」**ことに気づいた上で、相手ではなく自分自身を変えていくことなのです。アドラーは「健全な人は、相手を変えようとせず自分が変わる。不健全な人は、相手を操作し、変えようとする（アルフレッド・アドラー人生に革命が起きる100の言葉）[1]」と言っています。変えられるものは、いつでもどんなときでも、自分だけなのです。

　では、自分を変えるためにはどうしたら良いのでしょうか。その第一歩は、自分が変わると決意することです。多くの場合、「相手が変わってくれないのに、なぜ自分だけが我慢して変わらないといけないのか」のように、自分だけが損をしたくないという気持ちが生まれやすいものです。しかし、逆に言えば、相手を変えるのは自分にとっては得なのですが、相手にとっては負担を強いるということです。相手が変わるか変わらないかに関係なく、自分が変わるのだと決意することは、口で言うほど簡単ではないかもしれません。しかし、幸せでワクワクに満ちた人生を送る未来の自分のために、まずは決意をしてスタートラインに立つ必要があるのです。

　そして、自分が変わると決意したならば、今までとは異なる見方や考え方を自分のメガネに加えていきましょう。そのために日常の中で簡単にできるオススメの方法は、①相手のメガネを想像することで、自分の世界の見え方を広げる、②複数の視点から考えて、ポジティブな面に着目するという二つです。①の相手のメガネを想像するというのは、相手の考えや価値観、状況などに対して、最大限に思いを巡らせるということです。このことをアドラーは、「相手の目で見、相手の耳で聞き、相手の心で感じる（勇気づけの心理学 増補・改訂版、[9] p. 64）」という言葉で表しました。つまり、「○○の目で見、○○の耳で聞き、○○の心で感じる」ことを意識することが肝要です（○○の中には、「変えたい」「変わってほしい」と思っている相手の名前を入れてください）。そして、「もしかして…」「ひょっとすると…」というように、想像を膨らませてみると、今まで見えていなかった視点に気づけるかもしれません。

　厳しく威圧的な物言いで指導をしてくる先輩や上司に対しては、「もしかして、私がさらに成長できると信頼してくれている？」と想像してみたり、いつも靴下を脱ぎっぱなしにする家族に対しては、「ひょっとして、靴下を拾うという行為で、私の運動不足解消の役に立てようとしている？」などと想像したりすると、それが事実であるかどうかはさておき、世界の見え方がほんの少し明るくなりませんか。自分のメガネで見ていた世界がわずかであっても変わり、今までとは異なる解釈や意味づけができるようになることで、行動が変わっていきます。そして、意識的であれ、無意識的であれ、自分の行動が変わると、自分を取り巻く世界や人々がゆっくりと変化していくはずです。

　つぎに、②の複数の視点から考えて、ポジティブな面に着目する方法について説明します。繰り返しになりますが、人は自分のメガネを通して世界を見るため、同じ物事や出来事に遭遇しても、解釈や意味づけの仕方が異なります。水が半分入っているコップを見て、「もう半分しかない」と思う人もいれば、「まだ半分入っている」と考える人もいます。競技スポーツの試合で、劣勢のまま残り時間が五分になったとき、「もうあと五分しかない。負けた」と思う人もいれば、「まだあと五分ある。最後まで諦めないぞ」と集中し続ける人もいます。このように、同じ物事や出来事に対して、複数の視点から考えることができるのです。そこで、ネガティブな思考に陥ったり、マイナスの感情がわいてきたりしたら、それを別の角度から見てポジティブな面に着目してみてください。他にも、性格なども別の角度から捉えることができます。頑固で融通が効かない人は、意志が強くて周囲に流されない人と考えることもできます。面倒くさがりの怠け者は、効率的な方法を考え、労力の配分がうまい人と捉えることもできます。異なる見方や考え方を知って自分のメガネを変えていけば、、より広い視野で世界を見ることができるはずです。

限りなくメンタルが
マイナス寄りになった時に思う
自分は平凡なんだと　ところで　平凡な俺よ
下を向いている暇は　あるのか

（30巻 pp. 64–65「第263話 パイセンの意地・2」）
—烏野高校 **田中 龍之介** 選手—

「ポジティブな声かけをしよう」と思っていても「イライラしてつい怒鳴ってしまう」のように、私たちはときに、自分の中に矛盾が生じているように感じることがあります。そして、その矛盾を解消するために、イライラして怒鳴る自分を変えようと努力しますが、うまくいかないことも多いものです。しかし、理想の自分に向かう上で、「ポジティブな声かけをしよう」とする自分も、「イライラしてつい怒鳴ってしまう」自分も、実はどちらも役に立っています。このことについて、田中選手の言葉を手がかりにして実践的に考えてみたいと思います。

みなさんは、「理性と感情」「意識と無意識」「心と身体」の間に、矛盾や対立が生じているように感じたことがありますか。その例をいくつか挙げてみます。

A：（子どもや部下・後輩などに）ポジティブな声かけをしようと思っていても、イライラしてつい怒鳴りつけてしまう。

B：翌日の学校・仕事に向けて早く寝ないといけないのに、気がつくとゲームをして遅くまで夜更かししてしまう。

C：競技スポーツの練習に行こうという意欲はあるのに、試合で失敗したことを思い出すと足が向かない。

それぞれを詳しく見ると、Aはポジティブな声かけをしようと「理性」ではわかっているのに、「感情」のせいでうまくいかないと感じている状態です。同じように、Bは翌日の学校・仕事に支障がないように早く寝ようという「意識」はあるのに、「無意識」のうちに夜更かししてしまう、Cは練習に行こうと「心」では思っているのに、思考が邪魔をして「身体」が動かないといった矛盾や対立が生じている状態と捉えることができます。

　このような相反する二つの側面があると、人はいずれかが良いもので、もう一方は悪いものと評価をしがちです。そして、悪いと判断した側面を変える努力をして、矛盾や対立を解消しようとします。たとえば、Aのポジティブな声かけをしようと思っていても、イライラしてつい怒鳴りつけてしまう場合を考えてみましょう。この場合、ポジティブな声かけをしようと努力する「理性的な自分」と、イライラして相手を怒鳴りつける「感情的な自分」という矛盾する二つの自分が存在しています。この二つの自分のうち、みなさんにとってはいずれが好ましくないと見えるでしょうか。おそらく、つい怒鳴りつけてしまう「感情的な自分」は良くないと考え、変えたい、取り除きたいと思うのではないでしょうか。しかし、結局はまたイライラして怒鳴ってしまうことも少なくありません。そして、それを繰り返しているうちに、「感情をうまくコントロールできない自分はダメな人間だ」というように、自分を批判的・否定的に捉えたり、嫌悪感を覚えたりすることさえあります。

しかし、この相反して見える「理性的な自分」と「感情的な自分」は、自動車のアクセルとブレーキのようなもので、自動車が目的地に向かって走るためには両方ともに意味があるのです。ポジティブな声かけをできる「理性的な自分」というアクセルを踏むために、その妨げとなっている「感情的な自分」というブレーキを取り除いたら、その自動車はもはや安全に走行することができません。このため、いずれか一方（特に、変えたい、取り除きたいと思う側面）にだけ目を向けても、建設的な思考や行動にはつながらないのです。

　トピック1の20－21ページで説明したように、今の自分の思考や行動は、理想の自分やより良い未来に近づくために選択されています。そして、「意識と無意識は同じ方向へと一緒に進んでいくのであり、しばしば信じられているように、矛盾するものではない（個人心理学講義―生きることの科学[7]、p.25）」というアドラーの言葉にあるように、「理性と感情」「意識と無意識」「心と身体」の間に対立や矛盾はなく、理想とする自分や望む未来に向かって、それらは一緒に動いているのです。つまり、理想の自分やより良い未来という目的地に向かって、あなたという名の自動車を走らせる上で、「理性的な自分」も「感情的な自分」も、（建設的かどうかは別として）どちらも役に立っているのです。したがって、いずれか一方を変えたり取り除いたりするのではなく、何のためにアクセルとブレーキを使っているのか、言い換えれば、何のために「理性的な自分」と「感情的な自分」を使っているのかという目的を理解することが、より軽やかに生きていくために大切になります。

　たとえば、ポジティブな声かけをする「理性的な自分」には、子どもや部下・後輩などを勇気づけ、彼ら・彼女らの成長に貢献したいという目的が考えられます。逆に、イライラしてつい怒鳴りつけてしまう「感情的な自分」には、「○○になることが幸せで、そのためには△△のような成長が必要だ」という自分の基準があり、それを達成できない、あるいは取り組まない相手に対して、怒りでコントロールするという目的があるかもしれません。仮にそうだとすると、「理性的な自分」と「感情的な自分」が目指している先に、「他者の成長をサポートする自分でありたい」という理想の自分の姿が見えてきます。言い換えれば、この理想の自分に向かって、「理性的な自分」も「感情的な自分」も一貫して近づこうとしているのです。このように考えると、両者の間に何の矛盾も対立もないことが、おわかりいただけるでしょうか。

「理性的な自分」も「感情的な自分」も、より良い未来に向かうことを希求する「自分自身」であり、自分が選択してそれらを使用しているのです。このことに気づかないと、対人関係での悩みを複雑化しかねません。たとえば、怒りで相手をコントロールするという自分の目的に気づいていないと、「私は相手が成長できるようにサポートしているのに、何回言ったらできるようになるのだろう」「私はこんなに頑張ってサポートしているのに…（相手はその期待に応えてくれない）」のように、相手に非があって自分はイライラさせられていると考えて、課題の本質がすり替わってしまうこともあります。そして、変えられるものはいつでもどんなときでも自分だけであるにもかかわらず、悪いのは相手だと考えて、相手を変えようと躍起になるかもしれません。

　しかし、自分の目的に目を向ければ、感情的になっているのは、相手をコントロールしようとした自分自身の課題であると理解でき、相手に対する見方や捉え方を変えることにつながります。また、「感情的な自分」は建設的ではないかもしれませんが、「他者の成長をサポートする自分でありたい」という理想に向かっている自分であることに違いなく、そのことをきちんと承認すれば、自分に対して肯定的な眼差しを向けられるようになります。少なくとも、批判的・否定的にだけ受け止めることから脱却するきっかけになるはずです。そして、承認した上で、どのような建設的な行動をとるか、自分で決める必要があるのです。「感情的な自分」に何度翻弄されようとも、自分の目的がわかっていれば、「私はそれを使うことをやめます」と自分に言い聞かせ続けることができるのです。

　それでは、冒頭の**「限りなくメンタルが　マイナス寄りになった時に思う　自分は平凡なんだと　ところで　平凡な俺よ　下を向いている暇は　あるのか」**という田中選手の言葉を例にしながら、実践的に考えてみましょう。正解・不正解はありませんので、推測を楽しみながら「もしかして」「ひょっとして」と考えてみてください。これは、相反するように見える思考や行動の背後にある目的を理解するための実践的な練習になるはずです。

さて、みなさんは、田中選手の言葉を読んで、どのような矛盾や対立があるように思いますか。少し時間をとって、考えてみてください。

これは一例になりますが、**「限りなくメンタルが　マイナス寄り」**になって下を向く自分と、**「下を向いている暇は　あるのか」**と上を向こうとする自分のように、矛盾する二つの側面が考えられるかもしれません。

それでは、次の質問です。田中選手には、どのような理想の自分や望む未来があり、何のために矛盾する二つの自分を使っているのでしょうか。このことを考えるために、次の田中選手の言葉を補足してみます。

「凹んでる俺と　押せ押せの俺　どっちがカッコ良いと　思う？　押せ押せの　俺だろ⁇　落ちた後は　上る以外に　道は無し‼」（30巻p.85「第264話 失恋」）

この言葉から、田中選手にとっての理想の自分は、端的に「カッコ良い自分でありたい」というものかもしれません。仮にそうだとすると、**「限りなくメンタルが　マイナス寄り」**になって下を向く自分は、「非凡」な他の選手たちよりも劣っている現実によって、理想の自分が脅かされることを回避する目的で使うことができます。下を向いて課題から目を逸らしておけば、少なくとも現時点において課題と向き合う必要がなく、失敗することもプライドが傷つくこともないからです。それによって、「カッコ良い自分でありたい」という理想から遠ざかることを回避できるのです。一方で、**「下を向いている暇は　あるのか」**と上を向こうとする自分は、理想の自分に近づくために、弱気になっている自分を鼓舞しようとして使っていると解釈できます。いずれも、「カッコ良い自分でありたい」という理想に向かって、理に適った行動となっているのです。

以上のように、たとえ矛盾しているように見えても、いずれの自分もより良い未来に向かうことを希求する自分自身なのです。このすべての自分を受け止めた上で、どのような建設的な行動をとるかを選んでいきましょう。最後に、繰り返しになりますが、この世界に何の欠点もない完璧な人間などいません。人はみな、理想とする完全な自分に向かって、自分という名の自動車を走らせています。ときには、ブレーキばかりを踏んで、アクセルの踏み方がわからなくなることもあるかもしれません。その際には立ち止まって、何のためにブレーキばかりを踏んでいるのか、その目的を考えてみてください。それは、自分が目指している方向を確認する作業でもあります。目的地までの旅路を、あなたという自動車で楽しんでいきましょう。

Part 3

自分の力を引き出すための心の整え方

…後悔の残らない　試合など知らない
少なくとも　俺は　それでも
後悔の無い試合を　してほしいと思うし
そうであるよう　力を尽くすしか
無いのだろうな

（11巻p.159「第97話〝上〟」）
—音駒高校 **猫又 育史** 監督—

「あのとき、もっとこうしていれば…」「なぜ、あんなことを言ってしまったんだろう…」などのように、過去の経験や出来事に対して後悔の念を抱いたとしても、その過去を変えることは誰にもできません。しかし、この猫又監督（烏野高校のライバルチームの監督）の言葉にあるように、変えられない過去ではなく、「後悔の無い試合」を実現するという未来の目的に眼差しを向けることで、今の自分がどう生きるか、何をしていくのかを考え、行動に移すことはできます。今の自分は、未来の自分がより良くなるための生き方を決めることができるのです。

一般的には、「過去」の経験や対人関係、家庭環境などが、「現在」の自分の思考や行動に影響を及ぼすと考えられています。「子どもの頃に、クラスメイトの前で話したときに笑われた経験があるから（過去）、人前でのプレゼンテーションが苦手で、緊張しやすい（現在）」「幼い頃に父親に怒られて、やることなすことダメ出しされていたから（過去）、他の人の顔色を窺ってばかりで、心身ともに疲れてしまう（現在）」のような考え方がその例です。たしかに、過去の経験や出来事が、今の自分の思考や行動に影響を及ぼすことはゼロではありません。しかし、過去に原因があったとして、今の自分にそれを変えたり、取り除いたりすることができるでしょうか。

今の自分が過去に戻って、自分を笑ったクラスメイトに対して「一生懸命に話した人を笑ったり、バカにしたりするのではなく、良かったことを伝えてあげようね」と言いに行くことができますか。「あなたの父親は勇気をくじく人だから、耳を貸す必要などないよ」と、幼い自分を勇気づけに行くことができますか。もしくは、さらに過去まで遡り、結婚する前の母親に、「あの男はロクでもない父親になるから、結婚しないほうが良いですよ」と言って、結婚を思いとどまるように説得しに行けるでしょうか（そもそも、そんなことができたら、今の自分の存在自体が消えてしまいます）。

それらはすべて、過ぎ去った時間の中の事柄です。私たちがタイムマシンに乗り、過去に戻ってやり直したり、未来の結果が変わるように介入したりすることなどできないのです。そして、今の自分の思考や行動を良い方向へ変えたいと思ったときに、過去の中に原因を見つけてもそれを変えることはできないため、変われない自分に対して自己嫌悪を深めたり、自分を苦しめる原因を作った相手を不快に思ったりして、不要な苦しみを増やすこともあります。

一方、アドラーは、今の自分の思考や行動は、過去によって決定されるのではなく、理想の自分やより良い未来に近づくという目的のために選択されていると考えました。このことを、冒頭の**「…後悔の残らない　試合など知らない　少なくとも　俺は　それでも　後悔の無い試合を　してほしいと思うし　そうであるよう　力を尽くすしか無いのだろうな」**という言葉を踏まえて考えてみましょう。みなさんも、過去の経験や出来事に対して、何らかの後悔をしたことがあると思います。「あのとき、もっとこうしていれば…」「なぜ、あんなことを言ってしまったんだろう…」のように、後悔の念に駆られたことは一度や二度ではないかもしれません。しかし、「覆水盆に返らず」とはよく言ったもので、地面にこぼした水を盆の上に戻すことができないように、後悔した出来事を元に戻すことも、変えることも、今の自分にはできません。

それでは、今の自分にできることは何でしょうか。それは、猫又監督が言うように、少しでも**「後悔の無い試合」**を実現するという未来の目的に向かって、今の自分の思考や行動を選ぶことです。そして、今の自分が**「力を尽くすしか　無い」**ということを決めたならば、未来のためにどのように取り組むかを考え、行動することにつながります。

この考え方に基づいて、59ページに示した最初の例を捉え直してみましょう。みなさんは、「人前でのプレゼンテーションが苦手で、緊張しやすい（現在）」というのは、どのような未来（目的）のために選択された行動だと思いますか。たとえば、「人前でのプレゼンテーションを行わないですむようにしておくために（未来）、苦手であることをアピールしたり、緊張しやすいことを説明している（現在）」であったり、「プレゼンテーションが失敗した際に、『実は緊張しちゃって…』と言い訳する材料にするために（未来）、緊張している（現在）」などの可能性が見えてきます。また、「他の人の顔色を窺ってばかりで、心身ともに疲れてしまう（現在）」という場合はどうでしょうか。「他の人に怒られたり、嫌われたりしないようにするために（未来）、顔色を窺って相手にとっての正解探しをしている（現在）」のかもしれないし、「誰かに頑張っている自分を労ってもらうために（未来）、心身ともに疲れるほどに頑張っている（現在）」などと捉えることができます。

そして、未来の目的に目を向けて考えると、今の自分を変えるために取り組む必要のある事柄が見えてきます。人は、今より少しでも良くなりたい、理想の自分に近づきたいと思って生きていることをトピック2の31ページで説明しました。このわずかでもより良い方向に進んだ「未来の自分」のために、「今の自分」でどう生きるのかを主体的に選ぶことが大切になります。人前でのプレゼンテーションが苦手だと感じている人は、裏を返せば、もっと上手に聴き手に伝わるプレゼンテーションをしたいと願っているのではないでしょうか。その未来の自分に少しでも近づくために、今の自分でどう生きることができるでしょうか。プレゼンテーション当日までにしっかりと準備と練習をしたり、考えを整理して伝える方法を身につけられるように努力したりすれば、目的とする未来の自分に近づくのではないでしょうか。

他の人の顔色を窺って疲れてしまう人は、自分をもっと大事にしたい、もっと楽に生きたいと願っているかもしれません。その未来の自分に少しでも近づくために、今の自分でどう生きることができるでしょうか。今の自分でどのように生きるのかを決め、自分への勇気づけ（次のトピックで詳しく説明します）を行えば、より良い未来の自分に近づくための一歩を踏み出せるはずです。

ちなみに、未来の目的に目を向けるアドラー心理学では、感情と行動の関係の捉え方も独特です。一般的には、感情が先にあり、それによって行動が生じると考えられています。「怒りの感情があるから怒鳴る」「悲しみの感情があるから涙を流す」「幸せの感情があるから笑顔になる」のように、感情が原因で、行動はその結果だとみなされます。しかし、アドラー心理学では、何らかの目的を達成するための手段として、今の自分が感情を使っていると考えます。たとえば、他の人に対して怒鳴っている人は、相手をコントロールしたい、自分の意見を通したいという目的を達成するために、怒りという感情を使っていると解釈できます。悲しみの感情に関しては、他の人の注意を惹き、優しくしてもらうという目的を満たすために、涙を流して悲しみを表現しているのかもしれません。また、笑顔とともに日々を心穏やかに過ごしたいという目的があって、幸せの感情を使っていると考えることもできます。ちなみに、幸せの感情を使える人は、小さな幸せ探しの名人が多いように思います。これは、笑顔とともに日々を心穏やかに過ごしたいという目的を叶えるために、小さな幸せを探すという行動を主体的に選択しているからだと思っています。

以上のような考え方は、一般的な捉え方とは真逆であり、いささか困惑されるかもしれません。しかし、自分の経験を振り返ってみると、思いあたることが何かありませんか。『ハイキュー!!』の中でも、相手のマッチポイントで絶体絶命の瀬戸際に追い込まれ、心身の疲労からチームの空気が重くなった場面で、烏養コーチが**「下を向くんじゃ　ねえええええ!!!　バレーは!!!　常に上を向くスポーツだ」**（21巻pp.62−63「第183話 欲しがった男」）と選手に声をかけるシーンがあります。そして、烏養コーチの言葉によって選手たちは顔を上げ、笑顔すら浮かべます。これは、「自信」「負けや失敗を恐れない」などの感情があるから、顔を上げて笑ったのではありません。自分を鼓舞したり、まだ自分たちは諦めていないぞという気持ちを相手に示したりする目的のために、上を向いて「自信」「負けや失敗を恐れない」などの感情を使っているのです。

今の自分は、未来の自分がより良くなるための生き方を、いつでも選ぶことができるのです。未来の自分のために、今の自分がどう生きるのか、何をしていくのかを考え、少しずつ行動していきましょう。そして、理想とする未来の自分へと続く道が、たとえ長く険しいものであったとしても、ワクワクした気持ちを胸に満たして進むために、上を向いて歩いていきましょう。

俺はツーアタック[注]が　嫌いだ

…怖いから（中略）もしミスったらと　思うと

勝負　できない

——でも　勝負に出なきゃ　勝利も無い

（20巻 p.139「第178話 こだわり」）

——烏野高校 **菅原 孝支** 選手——

人は失敗やミスによって、自分の評価や価値が下がることに不安や恐れを抱きます。そして、そのような気持ちから、課題や困難に向き合うことを避けようとする人もいるかもしれません。しかし、失敗やミスというのは、課題や困難に向き合って、それらを乗り越えようと努力した証です。そして、この努力をしたという事実とプロセスにしっかりと目を向けることは、次に課題や困難に直面したときに、それらと向き合うための勇気を与えてくれます。ここでは、冒頭の菅原選手の言葉を手がかりにして、いかに自分を勇気づけ、そして勇気を備えることでどのように建設的な行動につながるのかを考えていきます。

最近、次のような話を耳にしました。

「幼稚園の徒競走で、５歳の男の子が『負ける』と思った瞬間にその場にしゃがみ込んで、走るのをやめたんですよ」

もし、この場面を目の当たりにしたら、みなさんはどのように思いますか。いろいろな意見や考えがあると思うのですが、「勇気の心理学」「勇気づけの心理学」と呼ばれるアドラー心理学から見ると、「この男の子は、課題や困難を克服したり、挑戦したりするために必要な『勇気』が欠乏しているのかな？」という考えが浮かんできます。アドラー心理学で扱う勇気とは、①どのような結果になるかわからない状況や、

②否定的な結果がもたらされた状況にあっても、自分自身を信頼して課題や困難と向き合い、それらを乗り越えるための活力のことです。[9] この勇気が不足している「勇気欠乏症[9]」の人は、課題や困難と向き合うことを避けようとする傾向があります。

まず、①どのような結果になるかわからない状況について、考えてみましょう。私たちが何かに取り組むときに、未来に生じる結果がどのようになるのか、現時点においてその答えを明確に知ることはできません。このため、人間は未来に生じる結果について、過去の経験や記憶、達成見込みを判断する上で役立つ既知の事柄（たとえば、受験なら志望校の偏差値と自分の実力差、競技スポーツなら相手との対戦成績）などを組み合わせて予測していきます。しかし、トピック2の33ページで触れたように、人間は良いことよりも悪いことに注意を向けやすいため、予測した未来の結果はネガティブな方向へと歪められがちです。

予測した未来の結果はあくまでも推測にすぎず、絶対に一〇〇パーセントの確率で生じると確定しているわけではありません。先ほどの徒競走の例で考えると、最後まで走らなければ結果はわからないはずです。しかし、負けて友だちにバカにされて恥ずかしい思いをしたり、親から怒られたりした経験が過去にあると、起こりうる未来の可能性の一つとして、「また恥ずかしい思いをするのではないか」「また怒られるのではないか」という予測が容易に成り立つのです。そして、課題や困難と向き合い、それらを乗り越えるための活力が不足している勇気欠乏症に陥っていると、そのようなネガティブな未来を避けたいと考えて、「しゃがみこんで走るのをやめる」という行動を選ぶかもしれません。

一方、②否定的な結果がもたらされた状況とは、徒競走を終えて実際に負けたときを指します。ここで考えてほしいのは、負けた、あるいは失敗やミスをした人に対して、みなさんはどのような言葉をかけているかということです。逆に、勝った、あるいはうまくいった人に対しては、どのような言葉をかけているでしょうか。おそらく、何らかの成果や目標を達成した場面で相手を褒めることはあっても、負けたり、失敗やミスをしたりして結果を残せなかった人に対して、褒めることはしないはずです。「徒競走で一番になれなくてすごいね！　良くやった！」などという褒め言葉をかける人はいないでしょう。むしろ、そのようなときには、失望した態度をとったり、落ち込んでいる相手に対して、叱咤激励のつもりで厳しめの言葉をかけたりするかもしれません。

褒める・叱るという行為は評価的な態度に基づいているため、それらが繰り返されているうちに、人は相手の顔色を窺い、良い評価を得られるかどうかを気にするようになります。その結果、負けないこと、失敗やミスをしないことに囚われるようになり、自分自身を信頼して課題を乗り越えるための勇気が失われていきます。そして、うまくいかなかった結果を糧にして自分の成長につなげようという意思よりも、その同じ状況を繰り返すまいという気持ちが記憶として強く残ります。これが未来に生じる結果を予測する際の参考材料となり、さらにネガティブな未来の予測を強化するという悪循環に陥ることもあるでしょう。

　また、ささやかな成功体験や、ほんの少しだけうまくいったことに対して、みなさんはどのような言葉をかけているでしょうか。人は行動の建設的（適切）な側面ではなく、非建設的（不適切）な側面に注意を向けがちです。たとえば、子どもの全行動のうち、朝はきちんと起きる、おはようと元気に挨拶するなどの建設的な行動が占める割合は九八パーセントであり、非建設的な行動はわずか二パーセントであるにもかかわらず、親の注目のウエイトは建設的な行動に二パーセント、非建設的な行動に九八パーセントと大きく偏っていることがわかっています[9]。つまり、日常生活の中でのささやかな成功体験や、ほんの少しだけうまくいったことには注意を向けずに、失敗やミス、できなかったことばかりを数えてしまいやすいのです。そうすると、失敗やミスなどのネガティブな事柄が自分の中で大きなものとなり、ささやかな成功体験や少しうまくいったことは、まるでなかったかのように意識から消し去られてしまいます。その結果、勇気はどんどん底をつき、勇気欠乏症に陥るかもしれません。

　以上のことは、重大な困難や課題と向き合ったり、大きなことに挑戦したりするときに限らず、日常生活の中にも当てはまります。たとえば、料理が苦手な人が練習を重ねながら一生懸命に作った料理に対して、「おいしくない」「もっと塩味を効かせていたら、さらにおいしくなるよ」のような感想を言う人がいます。前者は、相手の料理の腕前を評価する態度で言葉をかけていますし、後者は、相手のためを思って意見を述べたと見せかけて、自分の味の好みと違うことを評価した上で、自分好みになるように相手をコントロールしようとしているにすぎません。料理が苦手な人が、何度も練習をして少しずつうまくなったことや、そもそも苦手だけれど挑戦しようとした気持ちや事実には、まったく光が当てられていません。そして、「おいしいと思ってもらえなかった」というネガティブな記憶だけが心に残った結果、また料理を頑張ってみようという勇気が失われていくのです。

　さて、本トピックで**「俺はツーアタックが　嫌いだ　…怖いから（中略）もしミスったらと　思うと　勝負　できない　―でも　勝負に出なきゃ　勝利も無い」**という菅原選手の言葉を紹介したのは、勇気を備えている人がどのように建設的な行動をとるかを知ってほしいからです。もし、菅原選手に勇気が欠乏していたら、「ツーアタックを失敗するかもしれない」「そのミスが敗北につながるかもしれない」という予測された未来の結果に対して恐怖心を抱いた際に、課題や困難と向き合うことを避けて、勝負をしないという選択をするでしょう。

一方で、菅原選手は、それらの恐怖心を感じても新しい技術を使って勝負することを選びました。成功率の高そうなことや得意なことだけをしていれば、予測されたネガティブな未来が生じる可能性は減るかもしれません。しかし、菅原選手が言うように、勝負をしなければ、敗北がない代わりに勝利もありません。烏野高校のライバルチームの猫又監督の言葉を借りれば、**「変化を求めない　者には　進化も無い」**（9巻p．190「第80話『欲』」）のです。恐怖や不安、戸惑いなどのマイナスの感情があったとしても、変化をしようと模索し続けなければ、何の進化も成長も得られないのです。

アドラーは「自分に価値があると思う時にだけ、勇気を持てる（アドラー〝実践〟講義 幸せに生きる）[6] p．138）」と述べています。どのような状況にあっても、自分自身を信頼して課題や困難と向き合い、それらを乗り越えるための勇気を持つためには、自分には価値があると胸に留めておけるような勇気づけの言葉をかけることが大切になります。この勇気づけには、自分に対する勇気づけと他者に対する勇気づけが含まれますが、ここでは自分に対する勇気づけについて考えていきます。

自分に対する勇気づけとは、①「成功したときも、失敗したときも」、②結果ではなくこれまでに「努力してきたプロセス」に対して、③ダメ出しではなく「できていることやうまくいったこと」に着目しながら、心を勇気で満たす言葉をかけることです。私たちが生きている社会では、成果主義や勝利至上主義に基づく考えがいまだに残っています。学校や職場、競技スポーツなどのあらゆる場面で、結果がすべてであるといった風潮は根強く存在しています。しかし、称賛を浴びる瞬間だけに価値があるのではなく、課題や困難にどのように取り組んでその成果を得たのか、どのように向き合ってうまくいかなかったのか、その中にこそ意味や学びが数多く含まれているのです。

繰り返しになりますが、勝負をしなければ、敗北がない代わりに勝利もありません。変化をしようと模索し続けなければ、進化もありません。逆に言えば、失敗やミスというのは、課題や困難に向き合って、それらを乗り越えようと努力した紛れもない証なのです。その努力をしたという事実とプロセスに、しっかりと光を当てることが大切です。猫又監督は、**「『考えて』『やってみて』『失敗する』は　アリだよ」**（35巻p.20「第306話 照準」）とも言っています。成功しても失敗しても、この「考えたこと」「やってみたこと」を振り返り、自分の努力のプロセスを承認し、そのことを大切にする言葉を自分にかけることが、自分自身に対する勇気づけとなるのです。

徒競走の例で言えば、勝ちたいと思って一生懸命に練習してみたことは何か、その練習によってどんな変化があったのかに気づきを向けることが大切です（小さいお子さんの場合は、この作業を親が一緒に行いましょう）。料理が苦手な人の例では、少しでもおいしい料理を作るために、料理の本を見て練習したはずです。相手に喜んでほしい、相手の笑顔を見たいと考えて料理に取り組んだなら、それは他者貢献の一つなのです。そのことを、しっかりと心に留めておいてください（なお、料理を作ってもらった人は、どんなときでも「ありがとう」という感謝の言葉をかけることが、相手への最大の勇気づけになります）。

　ちなみに、不安や恐れなどのマイナスの感情は望ましくないものとみなされ、それらを取り除いたり、自信などのポジティブな思考に置き換えたりすることが良いと考えられがちです。しかし、勇気づけとは、「マイナスの感情をなくして、ポジティブに生きましょう」という意味ではない」ということを強調しておきたいと思います。感情は心の中に起こる自然現象で、雨や風、雷と同じようなものです[11]。てるてる坊主を作っても、晴天になるようにどんなに強く祈っても、人が雨を止めることはできません。雨を止めることができないように、マイナスの感情が沸き起こるのは仕方のないことです。だからこそ、雨の日は雨の日のままに生きる以外にないと覚悟し、雨を止められずとも、どのように傘をさすのかを考えることが重要になります[11]。もしくは、雨の日をどう楽しむかを知れば良いのです。つまり、雨の日は雨の日のままに生きる勇気を持って、どのように傘をさすか、どのように楽しむかを考えて、建設的に行動していくことが大切なのです。

この世に生を受けて、そしてこの世を去るそのときまで、いつも変わらず側にいるのは自分だけであり、あなたの最大の味方はあなた自身です。いつでも、どんなときでも、自分自身へ勇気づけの言葉をかけ、「勇気欠乏症」を脱していきましょう。

注：ツーアタックとは、セッターがスパイカーにトスを上げると見せかけて、そのまま自分でスパイクやフェイントなどの攻撃を仕掛ける戦術のことです。

■小脳の内的モデル

小脳の内的モデルとは、「ある運動を身体が覚えたときに、小脳内に形成されるネットワークのようなもの」です。たとえば、小さい頃に自転車の練習をしていたときのことを思い出してください。初めは、身体のバランスなどに意識を集中させ、どうやったら自転車が転ばないか「考えながら」乗っていたと思います。そのときは、自転車がグラグラしたり、時には転んだり、運動の出来としてはあまりよくありません。しかし、何度も繰り返し練習すると、そこまで意識を集中させなくても、他に考えごとをしながらだってたやすく乗れるようになります（といっても考えごとをしながら自転車に乗るのは危険なのでお勧めしませんが…）。このとき、自転車に乗るのに必要な身体の情報処理のネットワークが小脳に保存された状態になっていて、それを内的モデルというのです。これが、いわゆる「運動を身体が覚えた」という状態です。「考えながら」自転車に乗っていたときと比べると、動きのなめらかさ、身体の柔らかさが段違いに良くなっていると思います。近年、「運動を身体が覚えた」と同じことが、感情のコントロールにも起こるかもしれないという説があります[5]。つまり、練習を積むことで、特定の場面で特定の感情の状態になるように、「自分の思考や行動が自然と切り替わるよう身体が覚える」ということです。

『ハイキュー!!』の作中では、烏野高校のピンチサーバー[注]の山口選手が、反復練習の末にこの状態にたどり着きました。そのことを表す言葉を、山口選手自身が、全国大会で初めてピンチサーバーとして試合に出たときに言っていました。

この〝一本目〟は　何百回も　シミュレーションした

（27巻 p.13「第234話 アジャスト」）

—烏野高校 **山口　忠** 選手—

山口選手は、ピンチサーバーとしてしか、自分には出場のチャンスは来ないことを理解していました。そのため、「ピンチサーバーとしてサーブを打つ」という場面に絞って、ひたすら感情のコントロールをイメージでシミュレーションしていたのです。具体的には、ピンチサーバーとしてサーブを打つ場所に来たら、まず会場のどこか一点を見つめて心を落ち着けます（これもスポーツ心理学の技法の一つです）。その後、自分のサーブの狙いどころに意識を向けるために、頭の中で独り言をつぶやきます（スポーツ心理学では、この独り言のことをセルフトークと言います）。そして、サーブを打ちます。この一連の流れをルーティーン（習慣化された一連の行動）として、**「何百回もシミュレーションした」**のです。この地道な反復練習が実を結び、全国大会初出場という非常にプレッシャーのかかる場面で、山口選手はいつも通りのプレーをすることができました。おそらく、前述したサーブ前の一連のルーティーンを、山口選手が「身体で覚えた」ことが、いつも通りのプレーにつながったと考えられます。

　プレッシャーのかかる場面で、いつも通りのパフォーマンスを発揮するということは、何もスポーツに限ったことではありません。会社での大事なプレゼン、たくさんの人が鑑賞にくるピアノの発表会など、さまざまな状況で求められます。山口選手のようなルーティーンの構築と反復練習は、プレッシャーのかかる場面で、いつも通りのパフォーマンスを発揮しなければいけない状況にある人なら、だれでも応用することができます（その人の状況やどんなことを行うかによって、ルーティーンの内容は変わってきますので、専門家に一度相談することがオススメです）。いつも通りのパフォーマンスを発揮したいという方は、本番で自然と心が切り替わるよう、自分のルーティーンを見つけ、反復練習をしてみてはいかがでしょうか。

注：ピンチサーバーとは、バレーボールにおいて、サーブに不安のある選手にサーブが回ってきたときや、ここ一番でサーブを決めたいときなどに交代で出てきてサーブを打つ選手のことです。大事な局面で出番が回ってくることがある、とても重要な役割です。

Topic 7

イライラの背後にある「満たされていない感情」に気づく

壁に跳ね返された　ボールも
俺が繋いで　みせるから　だから、
だから　もう一回　トスを
呼んで　くれ!!　エース!!!

（3巻 pp. 92－93「第20話〝守護神〟」）
―烏野高校 **西谷　夕** 選手―

イライラするという怒りの感情は、そのまま相手にぶつけるとその場の雰囲気を悪くするものです。かといって、自分の中に抱え込んだままにすると、学校や職場、家庭、競技スポーツなどの場面で、取り組む必要のある課題や仕事に集中できなくなったりします。怒りの感情に建設的に対処するためには、その背後にある「満たされていない感情」に気づき、それを自分で満たすように行動したり、その「満たされていない感情」を相手に伝えたりすることが大切です。このことについて、西谷選手の言葉をもとに考えていくことにします。

　みなさんが、日常生活の中でイライラするのはどんなときですか。自分の意見ばかり押しつけてくる人や、こちらの都合など気にもかけずに頼みごとばかりしてくる人がいて、イライラしたことがありませんか。また、嫌味を言ったり、バカにしたような言い方をしたりする人に対してはどうでしょう。他にも、混み合っているコンビニの列に並んでいるときに、会計で時間がかかっている人にイライラしたことがありませんか。せっかく家族や恋人のために料理を作っても、「おいしい」も「ありがとう」も言ってくれず、イライラした経験のある人はいませんか。

　このようなイライラする感情を我慢したり、抑えて相手にあわせたりし続けていると、不満やストレスが蓄積していきます。そして、最後には怒りの感情が爆発して、相手にぶつけることになります。そうすると、その場の雰囲気は最悪になるのですが、かといってイライラしている自分をどう扱って良いかわからず、さらに相手に怒りをぶつけてしまうことさえあります。

また、イライラがおさまらないと、学校や職場、家庭、競技スポーツなどの場面で、自分が取り組む必要のある課題や仕事に集中できなくなったりします。さらに、イライラして夜も眠れないと、翌朝には身体的疲労が重なってイライラが増し、ますます集中できないという悪循環に陥ることもあります。したがって、イライラするという怒りの感情に、どのように建設的に対処すれば良いのか知っておくことは大切でしょう。

さまざまな感情がある中で、イライラするという怒りの感情を扱うことは少し工夫が必要です。トピック5の63ページで、私たちは何らかの目的を達成するための手段として感情を使っていると説明しました。では、怒りの感情を使う目的は何でしょうか。実は、怒りの感情の背後には、不安や落胆、悲しさなどの別の「満たされていない感情」があって、それらの感情が満たされる状況を作り出そうとして怒りの感情を使っているのです。扱いに工夫が必要だと述べたのは、イライラの背後にある「満たされていない感情」に対処しないと、うまく怒りを手放せない（より正確に言うなら、怒りを使うことをやめられない）ためです。

　この「満たされていない感情」に気づくためには、自分が「何をしてほしい」と思っているのかを考えてみるのがオススメです。最初に挙げた例に戻って考えてみましょう。自分の意見ばかり押しつけてくる人や、こちらの都合など気にもかけずに頼みごとばかりしてくる人に、みなさんは「何をしてほしい」と思っていますか。たとえば、「あなたの意見はそうでも、私の意見は違う。私の意見にも耳を傾けてほしい」とか、「私にも都合があるのだから、もう少し気にかけてほしい」などのように思いませんか。仮にそうだとすると、この思いの奥底には、どんな感情があるでしょうか。それは、自分の意見や都合を気にかけてもらえず、蔑ろにされているという悲しさかもしれません。その悲しさを感じないで良い状況を作るために、相手に自分の意見や都合に配慮させようとして怒りを使うことがあるのです。

　では、嫌味を言ったり、バカにしたような言い方をしたりする人に対しては、「何をしてほしい」と思いますか。「なぜそんな風に言われないといけないのだろう。もっと違う言い方をしてくれたら良いのに」と思うかもしれません。そして、その思いの奥底には、そのような言い方をされて傷ついたという感情があるかもしれません。この場合は、その傷ついた感情を満たすために、相手に謝罪させたり、相手に自分が望むような言い方をさせようとしたりして、怒りを使うのです。

　他の例についても続けて考えてみます。混み合っているコンビニで、会計に時間がかかっている人に対してはどうでしょうか。「列に並んでいるときに、財布を用意しておいてくれたら良いのに」「今どき現金払い？ 電子マネーでサッと会計してほしい」などと思うかもしれません。そして、会計の列に並んでいてイライラする場合というのは、自分が急いでいて時間的余裕がないときがほとんどです。このことも加味すると、先ほどの思いの奥底には、時間が取られていることへの焦りや不安だったり、スムーズに会計が進んでいるほうのレジに並ばずに損をしたという感情があったりするかもしれません。そして、「並んで待っている人たちはイライラしていますよ」というイライラした雰囲気を示すことで、会計に時間がかかっている人やレジの店員を急かして、焦りや損をしたという感情を解消しようとするのです。

最後の例になりますが、料理を作ったときに感謝の言葉を何も言わない家族や恋人に対しては、「何をしてほしい」のでしょうか。たとえば、「誰も私のがんばりを認めてくれない。もっと褒めてほしい」と思うなら、「おいしい」「ありがとう」などと言ってもらえることへの期待が外れた落胆や、誰にも認めてもらえていないという悲しさや虚しさの感情があるのかもしれません。そして、それらの「満たされていない感情」を埋めるために怒りをぶつけて、自分の頑張りを相手に理解させようとしたり、「おいしい」「ありがとう」を言わせようとしたりするのです。ところが、怒りでコントロールして言わせた相手の言葉に気持ちが入っているはずもなく、「口先だけで、ぜんぜん心がこもってない！」などと言って、怒りを増幅させてしまうこともあります。

　いずれの場合についても、変えられるもの（＝自分）ではなく、他の人や状況、時間などを、怒りを使って変えようとしているためうまくいかず、結果としてイライラが解消されない場合がほとんどです。したがって、イライラするという怒りの感情の背後にある「満たされていない感情」に気づき、それらにアプローチする必要があるのです。イライラの背後にある「満たされていない感情」がわかったら、それを自分で満たすように行動したり、その「満たされていない感情」を相手に伝えたりすることがポイントになります。そして、「満たされていない感情」に気づけるようになると、イライラする時間を無用に長引かせることもなくなりますし、イライラをぶつけてしまった相手に対しても、前よりずっと素直に謝ることができ、自分の本当の気持ちを伝えられるようになります。

　冒頭で紹介した**「壁に跳ね返された　ボールも　俺が繋いで　みせるから　だから、だから　もう一回　トスを　呼んで　くれ!!　エース!!!」**という西谷選手の言葉は、怒りではなく自分の「満たされていない感情」に向き合い、建設的に対応するあり方を考える上でとても参考になります。ここでは、西谷選手が最初に怒りを使った場面も踏まえながら、実践的に考えてみたいと思います。

さて、みなさんがバレーボールチームのエース（攻撃の中心選手）だとします。エースには、大事な試合や苦しい場面でボールが集まることも多いです。そのような場面で、何度スパイクを打ってもブロックに止められ続けたら、どんな気持ちになるでしょうか。最初は「次こそ決めてやる」と思うかもしれません。しかし、何度もブロックに止められ、相手チームとの得点差が広がっていくうちに、「次も止められるのではないか」「チームに迷惑をかけているのではないか」などの気持ちが生まれても不思議ではありません。そして、自分に与えられたエースとしての役割を遂行することに怖れが生まれ、そこに向き合うのをやめてしまうかもしれません（ちなみに、このようなときは、トピック6の72ページで紹介した「勇気づけ」が大切になります）。

　西谷選手のチームメイトであるエースの東峰選手は、ある試合でスパイクがことごとくブロックされ、徐々に「自分にボールを持って来い」とトスを呼ぶのが恐くなりました。そして最後には、西谷選手が繋いだボールを打つことをやめてしまいました。西谷選手は、リベロ[注]と呼ばれる守備専門の選手で、ボールを拾うこと、そしてそのボールを仲間の攻撃に繋ぐことに信念やプライドを持っており、自分が繋いだボールを放棄した東峰選手に対して、次のように怒りをぶつけました。

「打って　みなきゃ　わかんねえ　だろうが!!　次は決まる　かもしれない　じゃねーか!!　俺が繋いだ　ボールを　アンタが　勝手に　諦めんなよ!!!」（3巻p.81「第20話〝守護神〟」）

さて、この怒りの背後にある西谷選手の「満たされていない感情」は何だと思いますか。少し時間を取って、実践的に考えてみましょう。もちろん、正解・不正解はありませんので、自分の想像力をフル稼働させて推測してみてください。

たとえば、ボールを拾い、仲間に繋ぐことに信念やプライドを持っている西谷選手は、必死に拾い続けた自分の役割を無下にされたような悔しさを抱いたのかもしれません。または、スパイクが仮に決まらなくても、エースに対する自分の信頼は揺るがないことを、東峰選手に理解してもらえていない歯痒さや悲しさがあったのかもしれません。他にもいろいろな考えがあると思いますが、いずれにせよ西谷選手は、何らかの「満たされていない感情」があって、それらの感情が満たされる状況を作るために怒りを使ったのです。ここで挙げた例であれば、リベロとしての自分の信念やプライドであったり、いかに自分が信頼しているかだったりを、東峰選手にわからせようとして怒りを使ったと解釈できます。

しかし、前述した通り、「満たされていない感情」を自分で満たすように行動したり、怒りの代わりにその「満たされていない感情」を相手に伝えたりすることが大切になります。一度は怒りの感情を使ってしまった西谷選手ですが、その後の行動はとても建設的なものでした。このことについて、冒頭の**「壁に跳ね返された　ボールも　俺が繋いで　みせるから　だから、　だから　もう一回　トスを　呼んで　くれ!!　エース!!!」**という言葉をもとに考えてみましょう。まず、西谷選手は、どんなボールも拾って繋ぐという自分の最高のプレイをすることで、エースの東峰選手が何度でも怖れずに挑戦可能な状況を作るのだと決意しています。これは、リベロとしての自分の信念やプライドを、実際のプレイで自らが示そうとするものです。つまり、「満たされていない感情」を相手に怒りを使ってわからせるのではなく、自分がプレイで示すことを選んでいるのです。

　また、この西谷選手の言葉は、「何度ブロックに捕まっても構わない。必ず自分が拾って、信頼を寄せるエースまで繋いでみせる」だから「一緒に戦い続けたい」のように、エースに対する自分の信頼の気持ちを伝えるものだと言えるのではないでしょうか。自分の信頼を理解してもらえていない歯痒さや悲しさを、怒りを使って相手にわからせるのではなく、それを自分の言葉にして伝えたことは、ひいては東峰選手に対しての勇気づけの言葉にもなっただろうと感じるのです。

　ちなみに、アドラー心理学は、「人間が幸せに生きるためには、どうしたら良いのか」という問いに対する答えを提示する学問でもあります。アドラーは今より百年近く前に人生の意味や幸福について扱い、多くの著書を残しています。そこから導きだされた答えとは、①自分の能力を発揮できること、②それが他者のためになっていることの二つです[6]。西谷選手が怒りではなく、自分の「満たされていない感情」と向き合って選んだ行動は、**「壁に跳ね返された　ボールも　俺が繋いで　みせる」**という自分の能力を発揮するものでした。そして、それがチームのためになっているだけでなく、東峰選手への勇気づけになる言葉と行動であり、他者のためになるものだと言えます。このように、イライラの背後にある「満たされていない感情」に気づき、建設的に対処することは、幸せな生き方にもつながっていくのです。

注：リベロとは、スパイクなどの攻撃やサーブはせず、後衛でレシーブのみを行う守備専門の選手のことです。

■セルフモニタリング

セルフモニタリングとは、その名の通り「セルフ（自己）をモニタリング（観察）する」ことで、その時々の状況で、自分がどのような言動、思考、感情をしているのかを観察することです[6,7]。具体的な方法としては、その日あった出来事、自分の気分や感情、言動を記録することが挙げられます。セルフモニタリングを日常的に行っていると、良いことがいくつかあります。そのうちの一つは、「今その瞬間に、自分がどのような思考、感情の状態になっているのか気づけるようになること」です。これができるようになると、何かが原因で自分の思考や感情がいつも通りでなくなったときに、その変化にいち早く気づき、それに対応することが可能になります。

もう少しイメージしやすいように、具体例を挙げて説明します。プレッシャーのかかる場面などで、「頭が真っ白」になって、「身体がガチガチ」になり、いつも通りのことや、一生懸命練習してきたことができなくなった、という経験は、誰しも一度は体験したことがあるでしょう。しかし、セルフモニタリングを日常的に行っていると、プレッシャーがかかる場面になっても、「あ、今自分は～と思っていて、少し焦っているんだな」と自分を客観的に捉えて、自分の状態を把握することができます。これが「今その瞬間に、自分がどのような思考、感情の状態になっているのか気づけるようになること」ですね。自分の思考、感情にその場で気づくことができると、対処することができるようになります。『ハイキュー!!』の作中においても、試合中に「自分が今どのような思考、感情になっているのか」に気づいた選手の描写があります。

足が床に張り付く　自分の反応が　いつもより遅いとわかる　――そうか　俺は今こわいとおもっている

（31巻p．133「第276話 仕掛ける」）

—烏野高校 **西谷　夕** 選手—

この言葉は、烏野高校の守備専門の選手である西谷選手が、対戦相手にサーブで狙われたときに、頭の中で言っていた言葉です。何本もサーブレシーブを失敗してしまっていて、次もまた相手の強烈なサーブが飛んでくるというそのとき、自分が「こわい」と思っていることに気づきました。自分の感情に気づいた後、西谷選手はその気づきをベンチで仲間たちに話しながら、「こわい」という感情を振り返り、消化し、その後自分はどう考え、どうすれば良いか、と自分なりの答えを出していきます。そうやって立ち直っていったのです。

何かが原因で、自分の思考や感情がいつも通りでなくなるときは、何もスポーツ場面に限ったことではありません。たとえば、上司に何か意見を求められたとき、言いたいことはあるのに何も言えなかった経験はありませんか。これも、いつも通りでない状況と考えられます。また、苦手な人と行動をともにしないといけないときなども当てはまるかもしれません。このように、自分の思考や感情がいつも通りでなくなることは、日常のあらゆる場面で見られます。そんなとき、西谷選手のように自分の思考や感情の状況をモニタリングできると、うまくその状況に対処できる可能性が高まります。

　そのために、日ごろから日記をつけてみてはどうでしょうか。特に、起きた出来事、そのときの自分の思考や感情、言動、などを記録しておくと良いでしょう。しばらくすると、自分がどんなときに、どんな思考や感情になって、結果どうなってしまうのか、ある程度のパターンが見えてきます。そうすれば、その後同じような状況になったときに気づくことができます。さらに、事前に対処法を準備しておけば、それを実践できるというところまで、自分をコントロールすることができるようになるでしょう。

Topic 8

白と黒の間に存在する「グレー」の中に留まる

僕がウシワカ[注]に　勝てるワケ　無いデショ

―ただ

何本かは止めて　やろうと思ってる　だけ

（19巻 pp.31－32「第163話 月の輪」）

―烏野高校 **月島　蛍** 選手―

学校でも職場でも、早く正解を得ること、スピーディに問題を解決することを求められます。しかし、生きていれば、何が正解かをすぐに決められないこともたくさんあります。モヤモヤすると、つい「白か黒か」を早急に決めたくなるものですが、その白と黒の間に存在するグレーを無視してはいないでしょうか。この月島選手の「何本かは止めてやろう」という言葉は、「絶対に止められる（白）」と「絶対に止められない（黒）」のどちらでもありません。このような白と黒の間に存在するグレーの中に留まることは、創造性やパフォーマンスを発揮する上で、きっと役に立ちます。

私たちが生きる社会は、早く正解を得ることを良しとする風潮があります。学校の定期テストや入試、就職試験などの場面では、決められた時間内に多くの正解を出すことが求められます。社会人になってからは、何か問題が生じた際に、迅速に問題の本質を見抜いて適切な解決案を立て、すみやかに対応する能力を要求されます。しかし、生きていれば、何が正解かをすぐに決められないことも多いのではないでしょうか。

モヤモヤする状況をそのままにしておくのは、落ち着かないものです。「白か黒か」をはっきりさせれば気持ちがスッキリするので、早々に答えを見つけて解決したいと思う気持ちもわからなくはありません。しかし、「白か黒か」を早く、正確に決める能力だけでなく、白と黒の間に存在する「グレー」の中に留まり、そこでしか味わえない時間に身を置く能力も同じように重要ではないでしょうか。なぜなら、正解・不正解が曖昧なグレーの中に留まれると、今まで無視していた（あるいは切り捨てていた）意味や価値を見出すことにつながるからです。

たとえば、みなさんは子どもに対して、「早くご飯を食べなさい」「早く片づけをしなさい」と急かしていませんか。もしくは、子どもの頃に、大人から急かされた経験がありませんか。朝食のパンの手触りや歯応え、形に興味を惹かれて観察したり、片づける順番に自分なりのルールを作っていたり、子どもはその瞬間を味わい、楽しんでいることがあります。にもかかわらず、早く正解を得ることを求めると、目的（食事や片づけを終える）がいかに早く達成されるかが優先されてしまいます。白でも黒でもないグレーの時間の中には、たくさんの好奇心や探究心が溢れているはずなのに、そういったものはすべて無視されてしまうのです。

十九世紀初頭にイギリスで活動した詩人のジョン・キーツは、事実や理由を早急に求めるのでなく、不確かさや不思議さ、疑いの中に留まれる能力を意味する「ネガティブ・ケイパビリティ」という言葉を残しています。[12] アドラーは、他者への共感的な態度を大切にしていましたが、このネガティブ・ケイパビリティが、相手を本当に思いやる共感的な態度に至る手立ての一つとされています。[12] つまり、「白か黒か」がはっきりしない不確かなグレーの中に留まることは、他の人への共感の力を育む土台になると言えます。共感の力を高めることは、多様な人々とともに生きるみなさんの視野や価値観をより広げてくれます（このことは、次のパート4で取り上げます）。この点からも、白と黒の間に存在するグレーに留まる能力の大切さをおわかりいただけるでしょう。

さて、私たち日本人には、何らかの課題に取り組む際に、「失敗してはならない」「失敗したくない」のように考える人が多いとされています。[13] これは、早く正解を得ることを良しとする風潮と関連しているように思います。なぜなら、そのような中では、誤った答えを選んだり、ミスや失敗をしたりすることは、「早く正解を得ること」を損なう事態につながりますし、自分の評価を落としかねないからです。しかし、「失敗してはならない」「失敗したくない」というように、失敗をいかに回避するかに囚われていると、物事の判断において自分の選択したものが「本当に正解だろうか？」と心配になる場合も多く、最終的には疲れたり、しんどくなったりするかもしれません。

アドラー心理学において、「失敗してはならない」「失敗したくない」と考える傾向のある人は、失敗を恐れる「自己抑制タイプ（失敗回避型）」と呼ばれています。このタイプの人たちは、ミスや失敗を回避しようとすることによって、さらにミスや失敗を過剰に気にするという悪循環に陥り、気分が落ち込んだり、無力感に苛まれたりすることもあります。[14]「失敗は成功のもとだから、どんどん失敗したら良いのだ」という言葉を耳にすることもありますが、この言葉は自己抑制タイプの特徴を有する人にはほとんど有効ではありません。なぜなら、失敗は脅威であり、失敗体験を肯定的に捉え直すことに困難を伴うからです。そして、「白か黒か」の白（成功）に価値があり、それ以外の黒およびグレーは、自分の評価を損なうものと考える傾向にあるのです。

では、白と黒の間に存在するグレーの中に留まるためには、どうしたら良いのでしょうか。そのためには、二者択一の思考を止めて、白と黒の間には何があるかを考えることが大切になります。このことを、冒頭で紹介した月島選手の**「僕がウシワカに勝てるワケ　無いデショ　―ただ　何本かは止めて　やろうと思ってる　だけ」**という言葉をもとに考えてみましょう。

もしみなさんが、相手チームのスパイクを防ぐ役目を担ったブロッカーだとして、「全国三大エースの一人で、19歳以下の日本代表にも選出されている選手のスパイクを、ブロックで止めることができますか」と質問されたら、どのように答えますか。おそらく、「止められないと思う」と答えるのではないでしょうか（もちろん、みなさん自身が、日本代表レベルのバレーボール選手なら答えは変わるでしょう）。

この「止められるか止められないか（できるかできないか）」は、「白か黒か」と同じで二者択一の思考です。私たちは普段、物事の判断において、二者択一の思考を頻繁に行っています。「良いか悪いか」「好きか嫌いか」「損か得か」「敵か味方か」――挙げたらキリがないのですが、みなさんも自分がしてしまいがちな二者択一の思考があるのではないでしょうか。この二者択一の思考に基づいて「できるかできないか」だけを考えると、グレーの中に留まることはできません。たとえどれだけ格上の相手だったとしても、試合が始まる前の時点において、一〇〇パーセントの確率でできること（あるいは、できないこと）など存在しないはずです。にもかかわらず、グレーの中に留まるのを蔑ろにして早く正解を得ることを求めてしまうと、「自分なんかにできるわけがない」と早々に見切りをつけて、答えを出してしまいたくなります。

『ハイキュー!!』に登場する通称「ウシワカ」と呼ばれる牛島選手は、全国三大エースの一人で、19歳以下の日本代表にも選出されています。月島選手の言葉を借りれば、牛島選手とは**「身体が違う　経験が違う　バレーに費やしてきた　時間も違う」**（19巻p.7「第163話 月の輪」）ため、月島選手がそこにのみ注目し、二者択一の思考に基づいて答えを出すなら、**「勝てるワケ　無い」**で思考は止まるでしょう。そして「絶対に止められる（白）」と「絶対に止められない（黒）」のいずれかに、性急に結論づけるかもしれません。

しかし、月島選手は**「何本かは止めて　やろうと思ってる」**と続けています。白と黒の間には、グレーのグラデーションの世界が広がっています。言い換えれば、無数の選択肢が広がっているのです。つまり、二者択一の思考を止めて、白と黒の間には何があるかを考えることとは、「勝つか負けるか」「できるかできないか」のいずれに当てはまるかは不確かなままに、無数にある選択肢を探求することです。「何本かはブロックで止めてやろう（しかし、それが何本かは誰にもわからない）」という不確かさの中に留まりつつも、その何本かを実現するために何ができるのか、どんな工夫ができるのかを考えることが大切なのです。

ともすれば、「『何本かは止めてやろう』なんて甘い考えでは勝てない。絶対に止めてやろうという強い気持ちが大切なのだ」とか、「勝つか負けるかが重要で、何本か止めたところで意味はない」と言う人もいるかもしれません。また、いくつかの書籍や心理学の研究では、競技スポーツだけでなく仕事などにおいて、大事な場面に臨む際には「勝ち取ろう」「手に入れよう」という思考のほうが、創造性やパフォーマンスが高いとするものも少なくありません。しかし最近では、失敗を恐れる自己抑制タイプの人であっても、根気強く課題に取り組めれば、「勝ち取ろう」「手に入れよう」と考える人と同様に創造性やパフォーマンスを発揮することがわかっています[15]。「絶対に止めてやろうという強い気持ち」を持つことでこれまでうまくいったならば、それを選択したら良いでしょう。しかし、すでに述べた通り、日本人に多いとされる自己抑制タイプの人は、失敗はあくまでも脅威になります。そのような場合には、失敗に対する不安をゼロにして強い気持ちを持つことがすべてではなく、脅威や不安、期待などのモヤモヤとした感情を抱いたまま、根気強くグレーの中に留まることを大切にしてほしいと思います。

人生とは、長い階段を一段ずつ上がっていくようなものです。理想とする自分や、自分の望む目標が階段の頂点にあって、その頂点を目指して階段を上がり続けていくのです。早く正解を出したり、何らかの成果を獲得したりしたときにだけ、階段を上がるわけではないのです。グレーの中に留まりながら、自分に何ができるのか、どんな工夫ができるのかを考え、取り組み続けたプロセスにも意味や価値があります。そのプロセスの積み重ねによって、みなさんは階段を一段ずつ、着実に上がっているのです。

ちなみに、人生において早く正解を得ることができない最大の難問は、「自分の人生は幸福であったか」ではないでしょうか。私たちは、「最高に幸せな人生だった！」と思いながらこの世を旅立つゴールテープを切るその日まで、長い旅路を進んでいるのです。その旅路は、晴れの日もあれば雨の日もあります。ときには、嵐になることもあるでしょう。それでも、その時点では、人生の最期の瞬間にどう思うかは誰にもわかりません。極論を言えば、私たちの人生そのものが曖昧で不確かなものなのです。「バラ色の人生」にだけ、価値があるわけではないのです。自分の人生の意味や価値について早急に答えを出そうとせずに、「灰色の人生」を楽しんでいきましょう。

注：「ウシワカ」とは、『ハイキュー!!』に登場する牛島若利選手のことです。牛島選手は、全国三大エースの一人で、19歳以下の日本代表にも選出されている選手です。

Part 4

仲間を信頼し、貢献する心の整え方

Topic 9

一人ひとりの役割を認識し、尊敬と信頼の心を持つ

…俺は　エース　だけど

お前らは　ヒーロー　だな

（6巻 p.58「第47話 エースとヒーロー」）

—烏野高校 **東峰　旭** 選手—

この言葉は、チームの「エース」と呼ばれる東峰選手が、「エース」である自分へとボールを繋ぐ仲間たちに向けた、尊敬と信頼の言葉です。組織やチームにおける成果は、「エース」と呼ばれる人物によってだけ生み出されているわけではありません。その結果に至るプロセスには、異なる役割を持った多くの人々がかかわっています。そして、一人ひとりが担う役割は違えども、その関係性において「誰が上で、誰が下か」はなく、互いに尊敬と信頼の心を持つことが大切です。

「営業部のエース」「同期のエース」「チームのエース」のように、組織やチームにおいて主力として活躍していたり、抜きんでた実績を残したりしている人物を表現する際に、「エース」という言葉が使われることがあります。他にも、優秀な若手社員を「将来のエース候補」「エース級の逸材」と呼称したり、競技スポーツ場面では多くの得点が見込める選手を「エーススパイカー（エースアタッカー）」「エースストライカー」などと言ったりします。端的にまとめれば、組織やチームの中でひときわ目立つ存在と言えるかもしれません。このような「エース」と呼ばれる（もしくはそれに準じる）人は、呼び方は違えども、どの組織やチームにも一人くらいはいるのではないでしょうか。

「エース」と呼ばれる人が存在する対人関係の中には、優劣による評価が持ち込まれやすいものです。そうすると、そこには「タテ」の関係が生まれます。この「タテ」の関係とは、年齢や立場上の上下関係を指しているわけではなく、心理的にどちらが上かを争っている関係を意味します。多くの場合、子どもより親、生徒・選手より教師・指導者、部下・後輩より上司・先輩というように、年齢や立場が上の人のほうが相対的にみて心理的に優勢です。このため、年齢や立場上の上下関係と「タテ」の関係は同じものと捉えられることが多いです。

しかし、同年代の中で飛び抜けて優れた成果を出している人や、自分より年下の後輩であっても、組織やチームを圧倒的な能力で引っ張る人がいる場合もあります。そして、同年代の人や一般的には立場が下とみなされる後輩に対して引け目を感じるのであれば、心理的に劣勢な状態に身を置いていると言えます。逆に、年下の後輩が、「自分は先輩より成績が上なのだから、先輩の話には耳を貸す必要はない。適当に聞いておこう」と心の中で考えていたりすると、立場上の上下関係が逆転し、心理的に優勢にあるのは後輩のほうになります。このように、自分と年齢が同じ、あるいは自分より立場的に下の人が心理的に優勢な状態も、「タテ」の関係に含まれます。

「タテ」の関係においては、心理的に自分が上であると示そうとして争うことになるため、他の人との関係性が競合的になります。また、優劣の評価に晒され続けるために、対人関係においてさまざまな問題が生じることにつながります。「タテ」の関係の中では、「エース」と呼ばれる立場にない人が、「エース」と自分を比較して自分の能力のなさに引け目を感じるかもしれません。また、どうにか上にいこうとして努力を重ねるならまだ良いのですが、自分の評価を上げるために、他の人を蹴落とそうとしたり、貶めようとしたりするかもしれません。そして、他の人よりも優れた成果を出すことに囚われたり、自分の評価を上げること（もしくは下げないこと）に執着したりして、得られた結果によってのみ自分の価値を判断するようになります。

　このような「タテ」の関係に伴う問題は、「エース」と呼ばれる人たちにも同様に生じます。「タテ」の関係性の中において、心理的に優勢でいられる「エース」の立場を維持するためには、常に結果を出し続けなければならず、自分の心身の限界を超えて追い込んでしまう場合もあります。また、仮に「エース」としての働きができなければ、自責や焦燥の念に囚われることもあります。しかし、競合的な関係性にある他の人に対して胸の内を明かすのは難しく、一人で苦しさを抱えながら戦い続けていることもあり得るのです。

　一方、アドラー心理学では、立場や地位に関係なく対等に協力しあう「ヨコ」の関係を前提とし、互いに尊敬し、信頼し合う態度を重要視します。そして、年齢や性別、職業、役割などの差異はあっても、すべての人が対等であり、「誰が上で、誰が下か」という評価を含まない関係性を大切にします。この世の中に、「エース」しかいない組織やチームなど存在するでしょうか。たとえば、バレーボールは6人で行う「繋ぐ」スポーツです。得点を稼ぐ「エーススパイカー」しか選手がいなかったら、チームは成立しません。相手からのサーブを受ける選手、その仲間が受けたボールを、「エーススパイカー」が打ちやすいようにトスを上げる選手が必要です。そして、それらの仲間が繋いだボールがあって初めて、「エーススパイカー」が力を発揮できるのです。また、もし「エーススパイカー」の打ったスパイクが相手チームに阻まれたとしても、それをまた拾って繋ぐ役割を担った選手がいるのです。

つまり、最終的に得点に結びつくのは、「エーススパイカー」を含めた全員が効果的に働き、一つのボールを繋いだ結果なのです。もちろん、試合に負けた場合も、一人ひとりが自分のプレイを振り返る必要はあれども、誰か一人の責任ではありません。「エース」であろうと、誰であろうと、組織やチームの中で役割や責任、義務を分担し合う対等な人間なのです。このように、組織やチームがより良く発展していくために、「誰が上で、誰が下か」はなく、それぞれが担う役割に違いがあるだけと考えるのが「ヨコ」の関係です。アドラーは、「人生の課題はすべてそれが解決されるためには、協力する能力を必要とするのである（人生の意味の心理学〈新装版〉[16]、p.29）」と述べています。組織やチームの共通の目標に向かって、各自が自分の担う役割をしっかりと認識すること、そしてそれぞれの役割の遂行に対して、互いに尊敬と信頼の気持ちを向けることが大切です。

また、対人関係において、人からの相談に乗ったり、仕事や課題を手伝ったりというように、さまざまなサポートを人に提供することもあると思います。逆に、他の人からサポートをしてもらう場合もあるでしょう。このようなサポートを「してあげること（提供）」と「してもらうこと（入手）」の授受のバランスが、「タテ」の関係の中では崩れてしまいがちです。そして、サポートの授受のバランスが崩れると、ストレスがたまったり、生活の満足度が低下したりすることがわかっています[17,18]。

もし、「エース」と呼ばれる人が、一人で責任を抱え込んで組織やチームに貢献し続けたり、仲間からのサポートに気づけていなかったりすると、「自分はこんなにやっているのに」「自分ばかりが頑張っている」といった心理的な負担感を蓄積していくことになります。一方、「エース」以外の人たちが、自分が担っている役割や成し遂げている貢献を認識できておらず、自分は組織やチームに何も役立っていないと思っていると、サポートを受けてばかりいると感じる状態になります。そうすると、組織やチームに貢献している他の人に対して、感謝の気持ちよりも相手にだけ負担をかけている申し訳なさを多く抱くようになります[19]。

このような状況は、お互いに心理的な消耗や疲弊を生むだけです。したがって、組織やチームに所属するすべての人が、一人ひとりの役割を認識し、互いの役割と貢献に対して尊敬と信頼の念を持って連携していけば、サポートの授受のバランスを良好に保つことにつながるでしょう。この点からも、「ヨコ」の関係の重要性が理解できると思います。

冒頭の東峰選手の**「…俺は　エース　だけど　お前らは　ヒーロー　だな」**という言葉は、自分に与えられた「エース」としての役割の遂行に際して、力を貸してくれる仲間に向けられた尊敬と信頼の気持ちが詰まった言葉だと思います。また、「エース」に求められる役割と向き合う自分を支えてくれるヒーロー（仲間）がいると知っている東峰選手は、一般的に見れば「エースが決めなければならない」とプレッシャーのかかる場面で、**「『重い重い　エースの重圧』？　仲間が重荷であった事が　あるか」**（40巻ｐｐ.81－82「第353話 静かな覚醒」）と自分に語りかけます。仲間の一人ひとりが役割を遂行して繋いできたボールを打つことが「エース」としての自分の役割であって、すべての結果を誰か一人が背負うものでも、背負わされるものでもないこと、そして「エース」は単なる役割であり、ともに戦う仲間への感謝が伝わってくる言葉ではないでしょうか。

競技スポーツだけでなく、企業などの組織においても、成果をあげて業績アップに貢献する「エース社員」の他に、連携して動いている社員はたくさんいます。極論を言えば、その企業のオフィスをいつもピカピカに清掃している社員にはあまりスポットライトが当たりませんが、「エース社員」が気持ち良く働く環境を整えているのは清掃を担当している社員なのです（清掃は外部委託している場合であっても、派遣されたスタッフのことも「ヨコ」の関係に位置づけ、仲間と考えます）。また、みなさんは、薄汚いオフィスの企業と一緒に仕事をしたいと感じますか。このような点をチェックしている方は、少なくないはずです。そう考えると、環境を整えている社員こそが、その企業の業績アップの基礎になっているのです。企業の業績アップやチームの勝利といった目に見える結果にのみ囚われるのではなく、その結果を生み出すプロセスを繋いでいる人たちの「ヨコ」の関係を大切にしてください。そして、役割を真摯に遂行し貢献している仲間の存在を心に留め、互いに尊敬と信頼の心を持って感謝することが、組織やチームを成長させる源泉になると考えます。

■共有メンタルモデル

共有メンタルモデルとは、「チームの決まりごと（戦術や役割分担）やメンバーの長所や短所などに関する共通認識」のことです。[8] チームワークの一側面として、スポーツチームなどで重要視されています。スポーツチームに限らずさまざまなチームで、共有メンタルモデルのレベルが高いほど（すなわち、メンバー同士でチームの決まりごとやメンバーの長所や短所に関する共通認識の度合いが高いほど）、チームのパフォーマンスが高くなります。[9,10] また、メンバー同士の声かけが少なくても、高いパフォーマンスを発揮する傾向にあることがわかっています。『ハイキュー!!』の作中においてもチーム戦術の共有を確認するような言葉が見られます。

――俺達は血液だ　滞り無く流れろ　酸素を回せ　〝脳〟が　正常に働く　ために。

（4巻pp．53～54「第28話　鬼と金棒」）

――音駒高校　**黒尾　鉄朗**　選手[注]――

この言葉は、烏野高校のライバルチームである音駒高校が、合言葉として試合の直前に円陣を組んで言う言葉で、音駒高校のチーム戦術を端的に示しています。音駒高校はチームワークで戦うチームであることが作中で描かれており、共有メンタルモデルを非常に高いレベルで実現していました。

音駒高校のこの合言葉、詳しくはどういう意味かというと、司令塔であるセッターの孤爪研磨選手（脳）が、楽にトスを上げることができるよう、その他の選手（血液）はきれいなレシーブを返してあげようということです。そして、きれいなレシーブを返すためのブロックの配置、レシーバーの動き方などの自分たちの詳細なプレーの内容まで共有しています。実は、孤爪選手は極端な頭脳派で、相手との駆け引きや相手チームの分析を得意としますが、フィジカル面では非常に頼りないのです。メンバーは全員それを理解しています。つまり、メンバーは孤爪選手の長所も短所も理解し受け入れ、彼の長所を百パーセント発揮させるために、短所を自分たちが補おう、と全員で共有し納得した上でプレーをしていると言えます。この共有度合いの強さが「共有メンタルモデル」を高いレベルで実現しているということ、ひいてはチームワークの強さ、高いチームパフォーマンスに通じているのです。

当然、スポーツチームに限らず、さまざまなチームにおいて、音駒高校のような高いレベルの「共有メンタルモデル」を持つためには、日々の徹底した話し合い、確認が必要になります。

注：　黒尾　鉄朗 選手・・・烏野高校のライバルチームである音駒高校のキャプテン。

…「スパイカーが　打ちやすい以上に
最高のトスは無い」　それは確かに
コミュニケーションで　探っていくもの
でも　ケンカしないって　事じゃねえと思うぞ

（25巻 p.162「第224話 返還」）
―烏野高校 **烏養 繋心** コーチ―

自分の考えを他の選手に押しつけ、チームメイトとの信頼関係が破綻した経験を持つセッターの影山選手は、スパイカーの要求に合わせてトスを上げるようになっていました。しかし、自分の考えに他の人を従わせることも、逆に自分の考えを抑え込んで揉めごとを避けることも、一時的にはうまくいってもいずれ綻びが生じます。この言葉は、その綻びが亀裂となって現れた際に、烏養コーチが影山選手にかけた言葉です。学校や職場、チーム、家庭などにおいて、考えの不一致や対立は往々にして起きます。しかし、考えの不一致や対立に直面するたびに、「真のコミュニケーション」をとることが重要になります。

すでに説明した通り、人間は自分が経験した過去の体験や記憶などによって作られた独自のものの見方や考え方、価値観などを通して世界を意味づけしています。この自分の考え方や価値観のことを、本書では自分のメガネと呼んでいます（詳細はトピック3を参照）。生まれてから現在まで、すべての人がまったく異なる経験を積み重ねていますから、みなさんのメガネと同じメガネを持っている人は、この世には誰一人として存在しません。つまり、学校や職場、チーム、家庭などの共同体に存在している人の数だけ、無数に自分のメガネがあるということです。

学校や職場、チーム、家庭などの共同体は、基本的に何らかの共通の目的を持っています。その共通の目的を達成するために、「ヨコ」の関係に基づいて協力し合う場面は多くあります。企業であれば「顧客のニーズを満たし、企業がさらに発展するために」社員同士が協働しながら課題解決に努めるし、スポーツチームであれば「全国大会で優勝するために」選手一人ひとりが役割を遂行することで勝利に貢献していきます。また、子育て中の家庭であれば、「子どもの健やかな成長と幸福のために」どのような教育が必要かを話し合ったりします。その際に、他の人と自分の考えが一致しなかったり、対立したりすることも少なくないでしょう。

　考えの不一致や対立は、自分のメガネと他の人のメガネが衝突している状態と言えます。このような状況下で、人は自分の考えや価値観が間違っているのだろうかという不安を覚えたり、「わかってもらいたい」「自分の考えを譲りたくない」といった葛藤や憤りを感じたりしやすいものです。また、心理的にどちらが上かを争う「タテ」の関係の中で考えの不一致や対立が生じると、どちらが正しくて、どちらが間違っているのかを争ったり、相手を言い負かすことで主導権を握ろうとしたりします。そうすると、たとえその場では意見がまとまったように見えても、それはどちらかが意見を押し通した（もしくは、折れて妥協した、我慢した）にすぎません。そして、それを繰り返すうちに、対人関係を分断する致命的なミゾを生むこともあります。

　自分にとってどんなに当たり前のことであっても、または社会の常識だと自分では思っている事柄だとしても、それはあくまで「自分のメガネではそう見える」のであり、他の人が同じとはかぎりません。したがって、意見の不一致や対立が起きた際には、お互いにどのようなメガネをかけているのかを理解するために、自分のメガネを一度はずして、相手としっかりと話し合う必要があります。このことについて、仏典にある寓話『群盲、象を評す』から考えてみましょう。

昔、ある国の王さまが、全盲の人たちを集め、大きな象の一部を触らせました。彼ら・彼女らはそれぞれ、鼻や尻尾、耳、脚などの一部だけに触れました。王さまが「象とはどのような動物か？」と尋ねると、象の耳を撫でた者は「大きな団扇のようだ」と答え、脚に触れた者は「柱のような形をしたものだ」と言いました。同様に、自分の触った場所から想像し、「大きな蛇のようだ」「細い縄のようだ」などと口々に答えました。そして、各人各様の答えが出るのですが、実際に象に触れるという体験に基づいた自分の考えが正しく、他の人は間違っていると誰もが思い込んでおり、自分こそが正しいと主張を譲らずに言い争いのケンカを始めてしまいました。

もし、相手がどのような体験をし、どのように考えたのかをきちんと話し合っていれば、結末は違ったのではないでしょうか。自分のメガネと相手のメガネの違いに思いを巡らせ、自分が正しいのだという思い込みを手放した上で話し合いをしていれば、象の全体像を把握できたかもしれません。このように、自分のメガネを一度はずして、相手としっかりと話し合うことの重要性が、おわかりいただけたと思います。

なお、毎日のように顔を合わせたり、一緒にいる時間が長かったりする近しい関係にある相手ほど、「言わなくてもわかってくれるだろう」とつい思ってしまいがちです。しかし、相手には想像以上に伝わっていないし、残念ながらお互いにわかり合えていないものです。「親の心子知らず」「子の心親知らず」とはよく言ったもので、親子であっても言葉にして相手に伝えなければ、逆に相手を知ろうとしなければ、ひとつ屋根の下で暮らして身体的な距離は近いにもかかわらず、心の距離はどんどん離れていくことになりかねません。

それでは、異なるメガネをかけた者同士の話し合いにおいて、どのようなことを意識すれば良いでしょうか。大切なのは、自分のメガネに反映される「常識・非常識」を手放した上で、相手としっかりと話し合うことです。私たちが常識・非常識と考えているものは、文化や世代などによって大きく異なります。たとえば、写真を撮る際に作るピースサインは、日本人はあまり深く考えずに使っている場合が多いと思います。しかし、ピースサインは勝利や平和を表現するものと考える国がある一方で、相手を罵ったり、侮辱したりする気持ちを含意するものと捉える国も少なくありません。このように、文化が違えば常識・非常識の基準は異なっているのです。

世代における違いの例では、スマートフォンのメッセージアプリの登場前と後の世代で、パソコンのEメールの使い方に対する認識の違いを考えるとわかりやすいでしょう。メッセージアプリの登場前の世代は、自分が誰であるかを相手に知らせるために、「名前と所属を文頭・文末に記載する」ことが当たり前でした。そして、それが相手に対して丁寧な対応であるという価値観が共有されていたと思います。反対に、メッセージアプリが登場した後の世代は、自分の名前も所属も（ときには宛名も）記載せずにパソコンのEメールを送信することがあります。受信者は送り主がわからず、送信者のメールアドレスから名前や所属を推測したり、何も手がかりがなければ「失礼ですが、お名前をうかがってもよろしいでしょうか」などと返信したりする必要が生じます。しかし、メッセージアプリであれば、名前をわざわざ記載せずとも受信者には送信者が誰であるかわかるため、それが文化として根づいている世代にとっては、「送信者の名前や所属を書かない」ことが当たり前になっているのです。

そして、この世代は、メッセージアプリに加えて、クラウドなどのツールを使用して書類や写真などをやりとりすることにも慣れているため、パソコンのEメールを使用する頻度そのものが減っています。このため、仮に「失礼ですが、お名前をうかがってもよろしいでしょうか」と問われたら答えれば良いのであって、それが非常識であると思っていない人もいますし、些末な問題と考えている人もいるでしょう。このように、どのような文化・世代の中で何を経験しているかによって、人の常識・非常識の基準は異なるのです。にもかかわらず、自分のメガネに反映されている事柄が正しいと思い込むことは、特に考えの不一致や対立が起きている場では適切とは言えないでしょう。

「常識的に考えれば」「世間一般的に言えば」という言葉を使って自分の意見の正しさを主張する人がいますが、その基準はあくまでも自分のメガネを通したものにすぎないのです。自分のメガネが正しいと思い込んでいると、どちらが正しくて、どちらが間違っているのかを争ったり、もしくは相手を言い負かすことや自分に従わせるためにコントロールすることに終始したりしがちで、「タテ」の関係を生み出してしまいます。たしかに、「タテ」の関係の中で自分の考えを押し通したり、権利を主張したりする人は、強烈なリーダーシップを発揮する場合もあるのですが、他の人への尊敬の念が欠如しやすく、対人関係に支障をきたすことも多いでしょう。

一方で、冒頭で紹介した影山選手のように、自分の考えや気持ちを抑え込むことで相手との揉めごとを避け、その場をおさめようとする人もいます。しかし、このような人は、自分の本当の考えや気持ちを自己犠牲的に抑え込むため、ストレスを抱えたり、自己否定的になったりしがちです。一時的には、他の人との関係性や所属している共同体が良い方向へ進んだように見えるのですが、ストレスや不満が蓄積されて最終的に爆発することもあります。

　みなさんの中でこのような傾向を持つ人は、「不満を溜めて爆発する前に言ってほしかった」「なんでもっと早く本音を言ってくれなかったの？」と、他の人から言われた経験があるのではないでしょうか。アドラー心理学は、「誰かのために」を大切にする心理学です。[20]その「誰か」とは、他の人だけを意味するのではありません。「誰か」にはみなさん自身も含まれますから、自分を大切にすることも忘れないでください。そして、「自分のために」「他の人のために」「それらの人々を含んだ学校や職場、チーム、家庭のために」、さらにはもっと大きな「社会のために」貢献していくという視点を持っておくことが肝要です。

　考えや価値観が異なる他の人と話し合うことは、時に煩わしさや苦しさを伴います。そのためか、すでに関係性が破綻している相手（夫婦間や友人間に多い）に対してや、相手が自分のメガネをはずしてくれない場合は、話し合いが難しいのではないかと質問されることがあります。すでに関係性が破綻している相手に対しては、そもそもその人との関係性が自分に必要なのかどうか、またどの程度の距離感でつき合うことがベターなのかを自分で決定しておく必要があります。あくまでも、生き方を決めるのは自分自身なのです。

また、相手が自分のメガネをはずしてくれない場合というのは、自分もメガネをはずそうとしていないことがほとんどです。人は「相手が自分のメガネをはずさないのに、どうして自分だけはずさないといけないのか」とつい考えてしまいがちです。しかし、アドラー心理学で大切にしている「ヨコ」の関係を築くためには、相手がどのような対応を取るかに関係なく、自分からより早く、そしてより多く、相手に対して尊敬と信頼を向ける必要があるのです。[9] なお、アドラーはこのことについて、「他の人が協力的ではないとしても、それはあなたには関係がない。私の助言はこうだ。あなたが始めるべきだ。他の人が協力的であるかどうかなど考えることなく（幸せな劣等感―アドラー心理学〈実践編〉[8]、p.211）」と述べています。「相手が自分のメガネをはずしてくれたら私もはずします」という態度ではなく、まずは自分が先に行動する必要があるのです。

自分にとっての「常識・非常識」を手放して相手としっかりと話し合えれば、共同体がより良く発展するために何が必要なのか、そのために自分に担える役割は何か、他の人が自分を含めた他者にどのように貢献してくれているのか、多くのことが見えてくるはずです。誰か一人が自分の考えを押し通したり、逆に誰かが妥協して表面的な解決としたりするのは、まやかしのコミュニケーションでしかありません。もしくは、「コミュニケーション風」のただの会話にすぎません。冒頭の**「…『スパイカー**

が　打ちやすい以上に　最高のトスは無い』　それは確かに　コミュニケーションで探っていくもの　でも　ケンカしないって　事じゃねえと思うぞ」という烏養コーチの言葉にあるように、他の人との意見の不一致や考えの対立と直面するたびに、たとえ煩わしさや苦しさを伴ったとしても、互いのメガネを摺り合わせながらしっかりと話し合っていくことこそが、「真のコミュニケーション」なのです。

■組織市民行動

組織市民行動とは、簡単に言うと「チームのメンバーがチームをより良くするために行う任意の行動」のことです。[11] 具体的には、「改善点などを積極的に話し合う」「落ち込んでいるメンバーがいたら励ます」「チームの状況が良くないときでも愚痴を言わずに耐える」などです。これらの行動の中で、１１２ページで紹介した「共有メンタルモデル」にもっとも大きな影響を及ぼし、最終的にチームのパフォーマンスにもプラスに働くと考えられるのが、「改善点などを積極的に話し合う」という行動です。[10]

ここで言う話し合いは、無理に合わせてあたりさわりのない一つの結論を出すということではありません。むしろ、対立することは当たり前だと思って、メンバー同士が遠慮せずに自分の意見をそのままぶつけ合うことです。さらに、それをメンバーが自主的に行うということが重要です。『ハイキュー!!』の作中における、音駒高校のような共有メンタルモデルを構築するためには、チームのメンバー同士が対立することを恐れず、自主的に、そして積極的に、自分の意見を言い合う行動がとれるかということが重要になってきます。烏野高校も、全国大会前の練習試合のときに、影山選手を中心とした話し合いの場が突発的に発生しました。そのときの、烏養コーチの言葉がこちらです。

…「スパイカーが　打ちやすい以上に　最高のトスは無い」　それは確かに　コミュニケーションで　探っていくもの　でも　ケンカしないって　事じゃねえと思うぞ

（25巻 p．162「第224話 返還」）

―烏野高校 **烏養　繋心** コーチ―

この言葉は、トピック10でも取り上げたものですね。まさに、組織市民行動で求められる話し合いのポイントを押さえたものです。作中ではこのあと烏野高校の面々が、自分の意見を遠慮なく言い合うという展開になります。そのやり取りの内容は、各選手がセッターの影山選手に対して、自分に対するトスへの要望を言い、影山選手は一方的に要望を飲むのではなく、自分の意見も述べ、落としどころを探っていくというものでした。こうしたやりとりを経て、チーム内の共通認識である共有メンタルモデルが出来上がっていくのです。

この組織市民行動も、共有メンタルモデル同様スポーツチームに特化したものではなく、どんなチームにも当てはまります。あなたの所属するチームのパフォーマンスを高めようと思ったら、烏野高校のように、まずはメンバー同士が積極的な意見交換をできるようにすることが大切です。

最後にそのために重要なポイントを一つ紹介します。それは、積極的な意見交換をするためには、メンバー全員が「話を聴く」ということができている（思い込みではなく客観的に見てです）、もしくは最低でもしようとしていることが必要であるということです。これは、上司や部下、レギュラーや非レギュラー、監督や選手など、役割や上下関係に関係なく全員に必要なことです。

それでは、「話を聴く」にはどうしたらよいでしょうか。先ほど紹介した、烏野高校のやり取りの中にヒントが隠されています。

まず、烏野高校のやり取りの中心にいたセッターの影山選手。彼は中学時代に「コート上の王様」と揶揄されるほど、自己中心的に自分の意見をメンバーに押しつけていました。メンバーの「話を聴く」ことが、まったくできていませんでした。それによって彼は、大きな失敗をしてしまいます。しかし、その中学時代の失敗を経て、彼は「自分がすべて正しいわけではない」ということを理解しました。この理解によって、彼はメンバーの「話を聴く」ことができるようになっていたのです。また、先輩の田中選手も、影山選手に配慮が足りない言われ方をしたときに、「きっと影山なりに気をつかっているのだろうな」と理解しようとする努力をしていました。作中では、田中選手は結局この後に少し怒ってしまうのですが、察する努力をすること自体に価値があります。このように、「相手を察する」ということも「話を聴く」上では重要なポイントとなります。

自分が常に正しいとは思わない謙虚さを持ち、相手の気持ちを察する努力をする。これらのことをチームのメンバー全員ができるようになると、積極的な意見交換ができるようになっていくでしょう。

Topic 11

「相手の課題」は相手に委ねる、「自分の課題」は自分で引き受ける

田中さんの一番の　武器は　本当にそれか？

—いや　**一番《それ》は　俺が決める　ことじゃない**

（32巻 p．139「第285話 静かなる王の誕生」）

—烏野高校 **影山 飛雄** 選手—

人間が抱える悩みは、すべて対人関係の中で生じます。そして、他の人の課題に干渉したり、自分の人生の主導権を他の人に渡したりすると、悩みを深めることになります。しかし、冒頭の言葉にあるように、セッターである影山選手はスパイカーの田中選手の課題に干渉することなく、田中選手本人に委ねました。その上で自分にできることとして「仲間を信頼し、託す」を選択しており、田中選手への尊敬と信頼の念が伝わってきます。他の人の課題に干渉するのをやめ、かつ自分にできることを引き受けていけば、不要な悩みを手放し、自分や周りの人の人生をきっと豊かにしてくれます。

もし、話しかけた相手が不機嫌だったら、みなさんならどのような反応を示しますか。次の中から、一番近いものを選んでください。

A：「何か嫌なことでもあったのかな？ 何か手伝ってあげられることはあるかな？」とあれこれ相手のことを気にかける（相手の課題を、自分が何とかしてあげようと考える）。

B：「あれ、なんだか怒ってる？ 気に障ることしたかな？ どうしよう、謝ったほうが良いかも…」と不安になる（相手の顔色や反応に基づいて、次の自分の行動を決める）。

C：相手が不機嫌だったとしても、特に何もせずにそのままにしておく（自分の課題ではなく、相手の課題だと考える）。

日本の社会は、いわゆる「空気が読める」ことを良しとする風潮があり、相手の表情や声のトーンなどの微妙な変化を察することや、言葉の裏側にある意味を汲み取ることが求められがちです。たしかに、空気を読んで相手の気持ちを察したり、相手のために配慮したりするのは、対人関係を円滑に進めるために重要な能力の一つかもしれません。実際、空気が読めて面倒見の良い人ほど、Aのように自ら相手の問題に助け舟を出そうとするかもしれません。

しかし、相手に頼まれる前に手伝ってしまうのは単なる干渉にすぎず、また「相手の課題（相手が取り組む必要のあること）」を自らが背負いこんでしまいます。「後輩の仕事を手伝ってばかりで、自分の仕事が捗らない」と愚痴をこぼす方を見かけますが、相手に頼まれる前から「相手の課題」に勝手に干渉して、背負っている場合も少なくありません。

また、細やかな気遣いのできる人ほど、Bのように相手の顔色や反応に合わせて自分の行動を決めがちです。しかし、相手のことばかり気にして対応を考えていると、相手に振り回されてそのうち疲れてしまいます。何より、あなたの人生はあなたのためにあるにもかかわらず、自分の人生の主導権を他の人に渡す（＝他の人の顔色や反応にコントロールされる）ことになってしまいます。

したがって、もし話しかけた相手が不機嫌だったとしても、不機嫌なのはあくまでも「相手の課題」であるため、Ｃのように特に何もせずにそのままにしておけば良いのです。このように聞くと、「アドラー心理学の考え方は、思いやりがない」と感じる人もいるかもしれません。しかし、そんなことはありません。なぜなら、「特に何もしない＝無関心」とは違うからです。不機嫌の元となっているトラブルや問題について相談されたときには、あなたにできる範囲で助けたら良いし、あなたに対する不満を相手が伝えてきたら、そのときに初めて謝るなどの行動を取れば良いのです。それまでは、「私はいつでも話を聞く準備がありますよ」という態度を相手に示しながら、ただ見守りながら待っておくことが大切なのです。

このように、「相手の課題」は相手に委ねるとともに、相手の顔色や反応とは無関係に「自分の課題」を自分で引き受けることが大切になります。これについて、順を追って考えていきたいと思います。

人間が抱える悩みに関して、アドラーは「すべて対人関係の悩みである」と考えました。私たちは、家族や友人、職場の人、スーパーの店員や宅配便のドライバーなど、多くの人たちとの関係性の中で暮らしています。そして、人間のすべての悩みは、それらの他の人との対人関係の中で生じるのです。

もしかすると、他の人は無関係で、自分だけの問題だと感じる悩みもあるかもしれません。たとえば、「貯金が少なくて将来が不安だ」のようなお金の悩みは、対人関係とは無関係のように見えます。しかし、貯金が少ないとなぜ将来が不安なのでしょうか。それは、教育費を確保して子どもを大学に行かせてあげたい、自分が病気になったときに他の人に迷惑をかけないようにしたいなどの考えがあるからです。そうすると、そこには他の人の存在があることがわかります。もし、この世に自分一人しか存在していないなら、学校自体が存在しませんから教育費は不要ですし、病気になってどこで行き倒れようと、誰にも迷惑をかけることはありません。つまり、対人関係がなかったら、お金の悩みは生じないのです。

さて、私たちは対人関係の中で、つい「相手の課題」に干渉したり、他の人の顔色や反応を窺って「自分の課題」への対応を決めたりしがちです。「相手の課題」への干渉は、相手をコントロールしようとするものです。このため、変えられないもの（＝相手）を変えようとするからうまくいかず、いつになっても悩みが消えません。また、他の人の顔色や反応に合わせて自分の行動を決めていると、相手の顔色や反応にコントロールされながら生きることになり、いずれ疲れたり、苦しくなったりするでしょう。仏教の教えに、自分の光を頼りにして生きていきなさいという意味を持つ「自燈明《じとうみょう》」という言葉があります。他の人の目ではなく、自分自身の心に従って生きて良いし、それによって、不要な悩みに振り回されることも少なくなるはずです。

したがって、「相手の課題」は相手に委ねるとともに、自分にとって必要な「自分の課題」を引き受けることが、悩みを手放すために大切になります。そして、それを行うための第一歩は、「自分の課題」と「相手の課題」を切り分けることです。今度、みなさんが悩みを抱えたときには、まずは「その課題は一体、誰のものか」を考えてみてください。具体的には、「望んでいる（もしくは期待している）のは誰か」「最終的に、結果の責任を担うのは誰か」「その基準を作っているのは誰か」などを考えると良いでしょう。

それでは、冒頭の**「田中さんの一番の　武器は　本当にそれか？　――いや　一番《それ》は　俺が決める　ことじゃない」**という影山選手の言葉に戻って考えてみましょう。バレーボールの一般的な攻撃方法は、セッターがトスを上げてスパイカーが得点を決めるというものです。しかし、その日の調子や相手チームの守備などは一定ではありませんから、極論を言えば試合に勝つためには、その日、その瞬間にスパイクがもっとも決まる打ち方を一番の武器として使う必要があります。では、その日の一番の武器を考える課題を引き受けるのは誰でしょうか。それは、スパイカーの田中選手のはずです。なぜなら、チームが勝つために「スパイクを決めたい」と望むのも、その日の自分の調子を一番理解しているのも、スパイカーである田中選手だからです。その上で、どんなトスが上がろうとも、その日、その瞬間に最善のプレイを選択して自分の力を発揮することが、田中選手の課題となるのです。

一方で、トスを上げるセッターの影山選手が、自分が優れたセッターであると他の人に示すために、田中選手に「スパイクを決めさせたい」と仮に考えた場合はどうでしょう。「決めさせたい」と望むのは影山選手の自由ですから、ここまでは影山選手の「自分の課題」です。しかし、「決めさせたい」と考えてしまう自分（＝コントロール可能なもの）に対処するのではなく、田中選手に決めさせようとして相手をコントロールするのは、「相手の課題」に干渉する行動です。そうすると、自分のトスに従わせるために傲慢な態度をとって対人関係に亀裂が生じたり、あるいは自分の思い通りにスパイクが決まらなかった場合にイライラしたりして、不要な悩みを生み出すことにつながりかねません。

では、セッターがトスを上げてスパイカーが得点を決めるという一連の攻撃において、影山選手が引き受ける必要のある「自分の課題」は何でしょうか。それは、スパイカーに向けて最善と考えるトスを上げることと、自分が上げたボールを「仲間を信頼し、託す」ことです。冒頭の言葉からは、影山選手が「自分の課題」と「相手の課題（田中選手の課題）」を切り分けた上で、田中選手の課題に干渉せず、尊重していることが伝わってきます。そして、「田中選手にスパイクを決めさせることができるか」「結果として、優秀なセッターとしての評価を得られるか」のように、トスを上げたその後のことは影山選手の手中にはありません。冒頭の言葉は、そのことを理解しているからこその言葉であり、それによって不要な悩みに振り回されずに、自分のすべき事柄に専念できるのです。

　ここまでの理解を深めるために、以下の三つの対人関係の悩みについても考えてみましょう。

Ａ：悩みごとを相談しても、まったく共感してくれない相手との関係性に悩んでいる。

Ｂ：ゲームばかりしていて、勉強をしない子どもにイライラしている。

Ｃ：ミスが多い後輩に改善を求めても一向に変わらず、それをフォローしなければならないことに疲れている。

　Ａについては、悩みごとへの共感を望んだり、期待したりしているのは自分であり、共感してもらえない悲しみなどの感情を引き受けることが「自分の課題」になります。一方、あなたに共感するかどうかを決めるのは相手であり、「相手の課題」になります。したがって、「相手の課題」に干渉して共感させようとコントロールしたり、もしくは相手の反応から「自分は大事にされていない存在だ」と考えて、人から大事にされるための行動を選んだりしていると、悩みをこじらせてしまいます。では、「自分の課題」として、共感してもらえない悲しみなどの感情を引き受けるためには、何をすれば良いでしょうか。

　我慢する、諦めるなども一つの選択肢に見えますが、それでは自分の心を大切にできません。そうではなくて、その自分の気持ちを適切に相手に伝えることが必要になるのです。その際にオススメなのは、「私は～と感じる」「私は～と思う」のように、「私」を主語にして伝える「私メッセージ」を使うことです（たとえば「私は、もう少し私の心に寄り添ってもらえると嬉しい」など）。「あなた」を主語にした「あなたメッセージ」は、相手に対する非難や評価を含み、相手をコントロールするために用いられます。「なぜ、あなたは私の話を聞いてくれないの？」「あなたは、いつもまったく共感してくれないよね」などと伝えるのは、相手にそれを改善させたいという考えを言外に示すものになるため、注意が必要です。

　なお、私メッセージで気持ちを伝えたとしても、相手の態度が変わらない場合もあります。また、気持ちを伝えることで、相手に嫌われるのではないかと考える人もいるかもしれません。しかし、その相手が態度を変えるかどうかを決めることも、あなたを嫌うかどうかも、すべて「相手の課題」になります。その上で、これからもその相手に悩みごとを相談するかを決めるのが「自分の課題」になるのです。他の人の顔色や反応を窺ったり、他者評価という判断軸で生きたりする必要はありません。あなたは自分のために生きているのであって、相手の期待に応えるために生きているわけではないことを心に留めておいてください。

つぎに、Bのゲームばかりしていて、勉強をしない子どもにイライラしている例はどうでしょうか。この場合、「勉強をしておけば、将来の選択肢が広がる」「今の時代は学歴が重要だから、将来的に困らないように勉強させる必要がある」などという考えが前提にあり、もっと勉強をしてほしいと思っているのではありませんか。では、選択肢が広がることや、将来的に困らないことを望んだり、期待したりしているのは誰でしょうか。学歴が重要だという基準を作っているのは、一体誰なのでしょうか。その答えは、親に他なりません。

一方、勉強をせずにいて、仮に希望する進路に進めなかった場合に、最終的に結果の責任を取るのは誰でしょうか。それは、勉強をしなかった子ども自身です。つまり、「あなたを心配していますよ」などの自分の気持ちを子どもに伝えることは親の課題になりますが、勉強するかどうかを決めるのは子どもの課題であり、子どもに委ねる必要があるのです。

ちなみに、それでは勉強をしない子どもを放置しておけば良いのか、困ることがあっても見て見ぬふりをするのかと疑問を持たれる人もいるかもしれません。しかし、そうではありません。これは、最初に取り上げた不機嫌な相手への反応と考え方は同じです。親の自分が引き受ける「自分の課題」は何かを考え、行動を選択したら良いのです。たとえば、子どもに対して、勉強をしないのは誰の課題であるかを説明した上で、「困ったときは、私はいつでも力になりますよ」という姿勢を示しても良いでしょう。

また、子どもが「自分の課題」を自分で引き受けられるように、信頼し、見守り、絶え間ない勇気づけの言葉をかけることもできます。そして、子どもが自分の困りごとに協力を求めてきたら、そのときにはじめて親と子どもの共同の課題にして、一緒に何ができるのかを考えてください。依頼がないのに一方的に干渉したり、親が背負ってしまうと（たとえば、頼まれていないのに宿題を手伝うなど）、子どもが自分で主体的に考えたり、課題との向き合い方を学んだりする機会を奪いかねません。

最後に、Cのミスが多い後輩に改善を求めても一向に変わらず、それをフォローしなければならないことに疲れている例も見てみましょう。これは、基本的に前述の親子の考え方と同様です。ミスを改善してほしいと望んでいるのは誰でしょうか。ミスをフォローしなければならないと決めているのは誰でしょうか。それは、自分自身のはずです。それがわかったら、「自分の課題」として何を引き受けるかを考えましょう。

なお、この例に関しては、「最終的に、結果の責任を取るのは誰か」を考えると、評価が下がる後輩かもしれないし、職場の業績やチームの成績が関係するなら、あなた自身も含まれるかもしれません。このような場合には、共同の課題として取り組む必要があります。このような共同の課題に取り組む際には、トピック10で取り上げた「真のコミュニケーション」も参照してみてください。

「自分の課題」と「相手の課題」を切り分けて考えることは、最初は難しく感じるかもしれません。しかし、続けていると、悩みに振り回されずに軽やかに生きている自分に、いつかきっと出会えるでしょう。少しずつでも良いので、日常生活の中で意識していただけたら嬉しく思います。

Topic 12

他者に関心を向け、協力と貢献に感謝する

〝ヤル気〟が　あるだけでは　来られ　ませんでした
長い　練習時間の　確保も　強豪との　練習試合も
烏養さんも　先生が居なければ　全部無かった
先生が監督で　あることが
俺たち最大の　幸運です

（42巻 p.75「第369話 飯と筋肉」）
—烏野高校 **澤村 大地** 選手—

この言葉は、選手やチームのために協力と貢献を続けた監督・武田一鉄先生に向けられたものです。アドラーは、人間は互いに支え合う仲間であること、自分とつながりのある人たちや自分が所属している共同体（学校や職場、チーム、家庭など）が良くなるように貢献することを大切にしていました。冒頭の言葉からは、武田先生が、アドラーが大切にした生き方を体現していることが伝わってきます。ここでは、他の人や共同体がより良くなるために、自分がどのように協力と貢献ができるのかを考えながら生きる大切さについて説明していきます。

　アドラーは、人間は互いに支え合う仲間であり、自分に多く向けてきた関心を他の人へと広げて、自分とつながりのある人たちや自分が所属している共同体（学校や職場、チーム、家庭など）そのものが良くなるように貢献することが大切と考えていました。それでは、他の人に関心を広げるとは、一体どういう意味でしょうか。

　みなさんは、学校や職場での集合写真や家族で撮った写真などで、真っ先に目がいくのは何でしょうか。それは、自分の顔ではありませんか。友人の結婚式で新郎・新婦と一緒に撮った写真であっても、その日の主役である新郎・新婦よりも先に、自分の顔を確認するのではないでしょうか。他の人の顔を真っ先に見る人は、ほとんどいないと思います。人は誰でも、自分自身に一番の関心を向けて生きています。それは、決して悪いことではありません。しかし、自分自身に強い関心を持ちすぎたり、自分自身にだけ関心が向いていたりすると、人間関係に支障をきたしやすくなります。

トピック11の１３０ページで、細やかな気遣いのできる人ほど相手の顔色や反応に合わせて自分の行動を決めがちだと述べましたが、これも自分に強い関心を持ちすぎているために生じるのです。なぜなら、相手の顔色や反応に合わせるのは、「私は、他の人に嫌われたくない」「私は、他の人から嫌われないようにしたい」という考えが根底にあるためです。言い換えれば、他の人が自分のことをどのように評価するかに関心があるのです。他の人のために気を遣って行動することは、相手に関心を向けているように表向きは見えるのですが、その内実は、関心を向けているのは自分自身なのです。そして、相手の顔色や反応に自分を合わせようとするうちに、本当の自分がわからなくなったり、相手に振り回されたりしてしまうのです。

また、自分自身にしか関心がなく、他の人や共同体が良くなることへの関心が欠如している人は、自分の利益だけを追求したり、他の人から何かをしてもらったりすることばかり考えるようになります。みなさんの周りにも、「自分さえ良ければそれでいい」「自分が良い成果を収められたらそれでいい」のように考えて、他の人に迷惑をかけたり、ルールを守らなかったりする人がいるかもしれません。また、そのような人たちは、ともすると要領が良く見えて、真面目な人が損をするのか…とモヤモヤすることもあるかもしれません。しかし、そのような人たちは、いずれ周囲から人がいなくなり、誰からも協力を得られなくなるものです。このことについて、アドラーは「協力以外のことを人生の意味とした人への最後の審判はこうだ。『あなたには価値がない。誰もあなたを必要とはしない。立ち去れ！』（人生の意味の心理学〈新装版〉[16]、p.17）」という手厳しい見解を示しています。

さらに、「どんなものであれ、人間の能力が発達するのは、仲間の人間に関心を持つことによってだけである（人生の意味の心理学〈新装版〉[16]、P.２４９）」とも述べています。したがって、①他の人や共同体が良くなることに関心を向けて、②そのために自分がどのように協力したり、貢献したりできるのかを考えながら生きることは、みなさん自身が幸福に満ちた人生を歩む上でとても大切になるのです。

冒頭の**「〝ヤル気〟が　あるだけでは　来られ　ませんでした　長い　練習時間の確保も　強豪との　練習試合も　烏養さんも　先生が居なければ　全部無かった　先生が監督で　あることが　俺たち最大の　幸運です」**という澤村選手の言葉は、自分たちのために孤軍奮闘した武田一鉄先生に向けられたものです。かつては全国大会にも出場する強豪校であった烏野高校は、指導者が不在となってから成績を残せなくなり、現在は**「落ちた強豪　飛べない烏」**（30巻 p.31「第２６２話 いつだって前のめり」）と他のチームから揶揄されていました。そして、力不足で練習相手にならないという理由で、練習試合を引き受けてくれるチームを見つけることにも苦労していました。

　そのような中で、武田先生はバレーボール未経験者でありながら監督を引き受け、選手たちの目標や想いに関心を向け、彼らの努力やひたむきさを信頼し続けました。そして、チームのために烏養コーチに就任を要請すべく何度も足を運んだり、強豪校に頭を下げて練習試合をセッティングしたりするために奔走しました。この武田先生の行動は、選手やチームが良くなることに関心を向けて、自分にできることに一つずつ取り組んだものです。澤村選手が武田先生に向けた言葉から、アドラーが重視した「人間は互いに支え合う仲間であり、自分に多く向けてきた関心を他の人へと広げて、自分とつながりのある人たちや自分が所属している共同体そのものが良くなるように貢献する」という生き方を、武田先生が体現していることが伝わってくると思います。

　なお、澤村選手の**「先生が監督で　あることが　俺たち最大の　幸運です」**という感謝の気持ちは、武田先生に向けられた勇気づけの言葉とみなせるでしょう。相手に向ける感謝は、その人の行為や考えを受け入れていると伝えるものです。そして、他の人に受け入れられていると感じると、人は自分の良いところも悪いところも、ありのままに受容できるようになります。[21]

　さて、先ほど①他の人や共同体が良くなることに関心を向けて、②そのために自分がどのように協力したり、貢献したりできるのかを考えながら生きることが大切だと述べました。それができるようになるためには、他の人や共同体に関心を向ける練習が必要です。その練習方法の一つとして、「感謝日記」をつけることをオススメしたいと思います。日記と言っても、何行も一生懸命に書かねばならないわけではなく、簡単なメモ書き程度でかまいません。最近は、スマートフォンのアプリにも感謝日記がありますので、それらを活用して気づいたときに記録すると良いでしょう。

　最初は、「何かに感謝するような出来事なんて、そう毎日起こらない」と考える人もいるかもしれませんが、どんなにささやかな内容でも良いので感謝できることを探していると、今までは気に留めてこなかった人のやさしさや温かさ、身近な人の良いところに気づけるようになります。そして、それらの人たちに関心が向き、自分にも何か協力したり、貢献したりできることはないか、あるいは、みなが生きる共同体のために自分に何かできることはないかと思う気持ちが、どんどん溢れるようになるはずです。

　たとえば、みなさんの今日の夕食は、誰が用意してくれるのでしょうか。その用意をしてくれた人に、感謝の気持ちをどのくらい持っていますか。食事が出てくるのを当たり前だと思っていませんか。もし、自分で料理をしているなら、自分が作ったのだから感謝をする相手などいないと思いますか。野菜を育て、米や小麦を栽培する農家の方々、魚や肉の生産に携わる人たち、そして生産者からみなさんに届くまでの間にも、輸送や販売にかかわるたくさんの人たちがいるはずです。自分の目には見えないすべての人たちを含めて他の人に関心を向けていると、感謝の種はたくさん見つかります。さらに、感謝は勇気づけの言葉になりますから、慣れてきたら感謝を言葉にして相手に伝えるようにするのも良いでしょう。

感謝の言葉を紡ぐことは、他の人や共同体に関心を向け、その仲間たちと互いに信頼しながら協力と貢献を続けていくために役に立ちます。ぜひ、日常生活の中に無数にある感謝の種に目を向けてみてください。そして、これからみなさんが、自分の大切な人や大事な場所のために、たくさんの協力と貢献をしていくであろうことに感謝を記して、トピックの最後のページとしたいと思います。

川崎医療福祉学会誌, *16*, 325–328.

18）谷口 弘一・浦 光博（2003）．児童・生徒のサポートの互恵性と先進的健康との関連に関する縦断的研究 心理学研究, *74*（*1*）, 51–56.

19）Walster, E, Walster, G., & Berscheid, E.（1978）．*Equity: Theory and research.* Boston: Allyn & Bacon.

20）岩井 俊憲（2022）．みんな違う。それでも、チームで仕事を進めるために大切なこと ディスカヴァー・トゥエンティワン

21）高井 範子（2001）．他者からの受容感と生き方態度に関する研究―存在受容感尺度による検討― 大阪大学教育学年報, *6*, 245–254.

コラム

1）日本スポーツ心理学会 編（2008）．スポーツ心理学事典 大修館書店

2）Deci, E. L., & Ryan, R. M.（1985）．*Intrinsic motivation and self-determination.* New York: Plenum.

3）Wegner, D. M., Schneider, D. J., Carter, S. R., & White, T. L.（1987）. Paradoxical effects of thought suppression. Journal of Personality and Social Psychology, *53*（*1*）, 5 –13.

4）Gray, R., Orn, A., & Woodman, T.（2017）. Ironic and Reinvestment Effects in Baseball Pitching: How Information About an Opponent Can Influence Performance Under Pressure. Journal of sport and exercise psychology, *39*（*1*）,3-12.

5）Ito, M.（2008）. Control of mental activities by internal models in the cerebellum. Nature Reviews. Neuroscience, *9*（*4*）, 304–313.

6）Snyder, M.（1974）. Self-monitoring of expressive behavior. Journal of Personality and Social Psychology, *30*（*4*）, 526-537.

7）宮下照子（1985）．セルフモニタリング法（自己監視法）（用語解説）．行動療法研究, *11*（*1*）, 57.

8）Cannon-Bowers, J., Salas, E., & Converse, S.（1990）. Cognitive psychology and team training: Training shared mental models and complex systems. Human Factors Society Bulletin, *33*（*12*）, 1-4.

9）Pearsall, MJ., Ellis, APJ., & Bell, BS.（2010）. Building the infrastructure: the effects of role identification behaviors on team cognition development and performance. Journal of Applied Psychology, *95*, 192-200.

10）河津 慶太・杉山 佳生・中須賀 巧（2012）．スポーツチームにおける組織市民行動，チームメンタルモデルとパフォーマンスの関係の検討―大学生球技スポーツ競技者を対象として―．スポーツパフォーマンス研究，4，117-134.

11）Organ, D. W.（1988）．*Organizational citizenship behavior: The good soldier syndrome.* Lexington：Lexington Books/D. C. Heath and Com.

文献

本文全体

古舘 春一（2012-2020）．ハイキュー!! 1-45巻 集英社

プロローグ、トピック

1）小倉 広（2014）．アルフレッド・アドラー 人生に革命が起きる100の言葉 ダイヤモンド社

2）Mosak, H. H., & Maniacci, M. P.（1999）．*Primer of Adlerian psychology.* Oxfordshire: Taylor and Francis.（モサック, H. H., & マニアッチ, M. P. 坂本 玲子・キャラカー 京子（翻訳）（2006）．現代に生きるアドラー心理学―分析的認知行動心理学を学ぶ 一光社）

3）Frankl, V. E.（1977）．…*trotzdem Ja zum Lben sagen: Ein Psychologe erlebt das Konzentrationslager.* München: Kösel-Verlag.（フランクル, V. E. 池田 香代子（翻訳）（2002）．夜と霧―新版 みすず書房）

4）鈴木 義也・八巻 秀・深沢 孝之（2015）．アドラー臨床心理学入門 アルテ

5）野田 俊作（1984）．アドラー心理学の基本前提（2）全体論 アドレリアン, *1*（*1*）Retrieved from http://adler.cside.ne.jp/database/001/001_02_noda.pdf（2023年6月13日）

6）向後 千春（2015）．アドラー"実践" 講義 幸せに生きる 技術評論社

7）Alfred Adler（1969, Original: 1928）．*The Science of Living.* New York: Doubleday Anchor Books.（アドラー, A. 岸見 一郎（翻訳）（2012）．個人心理学講義―生きることの科学 アルテ）

8）向後 千春（2017）．幸せな劣等感―アドラー心理学〈実践編〉小学館新書

9）岩井 俊憲（2011）．勇気づけの心理学 増補・改訂版 金子書房

10）Baumeister, R. F., Bratslavsky, E., Finkenauer, C., & Vohs, K. D.（2001）．Bad is stronger than good. *Review of General Psychology, 5*（*4*），323–370.

11）中島 俊介（2021）．技ありの人間関係―人生の景色 花書院

12）箒木 蓬生（2017）．ネガティブ・ケイパビリティ 答えの出ない事態に耐える力 朝日新聞出版

13）熊野 英一（2017）．家族の思考・行動のクセを知って子育てを楽に―代表的なライフスタイル6類型（下）日経xwoman, Retrieved from https://woman.nikkei.com/atcl/dual/pwr/104/07/（2023年6月13日）

14）安田 貢・高根 信吾（2017）．大学生スポーツ選手の失敗に対する学習可能性が抑うつ症状におよぼす影響 *Journal of health Psychology Research, 30*（*1*），45–53.

15）外山 美樹・長峯 聖人・湯 立・肖 雨知・三和 秀平・相川 充（2020）．防止焦点は本当に創造性を低下させるのか 心理学研究, *91*（*3*），155–164.

16）Adler, A.（1931）．*What life should mean to you.* New York: Little, Brown.（アドラー, A. 岸見 一郎（翻訳）（2021）．人生の意味の心理学〈新装版〉アルテ）

17）森本 寛訓（2006）．ソーシャル・サポートの互恵性と精神的健康との関連について

エピローグ

二〇二三年の年の初め。参拝した神社で引いたおみくじに、こんな言葉が書いてありました。

生きることの喜びは 人の為に尽くしているという心に湧き起こる

心が震えました。

自分の目の前にいる人たち、そして自分の目に映らずとも、社会を織りなす人たちのために、自分はどのように貢献できるのかを考えて生きてきました。ときに、「それはただの独りよがりで、人から感謝されることであなたが気持ち良くなっているだけだ」と辛辣な言葉をかけられることもありました。そのような中で、他の人の目や評価に振り回され、自分の信念を見失いかけたり、足元が揺らぐような心許なさを抱いたりしたこともあります。しかし、トピック11で紹介した「自燈明」という言葉にあるように、アドラー心理学を学んでその実践を繰り返す中で、自分自身の心を頼りにしながら軽やかに生きている自分を実感できるようになりました。

そして、他の人との「ヨコ」の関係を大切にしながら、協力と貢献に心を傾けて生きることは、たくさんの喜びと心の豊かさを私にもたらしてくれました。冒頭に記した言葉は、そんな私への大きな勇気づけの言葉にほかなりません。

さて、この本では、できる限り読者のみなさんをイメージしながら、少しでも役立つように工夫をしましたが、いかがだったでしょうか。みなさんがこの本を手に取り、時間を使って読んでくださったことに、心からお礼申し上げます。この本が、みなさんの心に一筋の光となって差し込み、協力と貢献を楽しみながら、軽い足取りで人生を歩んでいく手がかりになるならば、著者としてこれ以上の喜びはありません。

本書の執筆に際し、我が姉・森本尚希さんに、最初の読者として原稿を読んでもらい、心が勇気づけられる多くの助言をいただきました（なおちん、ありがとう！）。また、本書の着想に至るキッカケを作り、かつ絶大な協力と貢献をしてくださった共著者の河津慶太さん、刊行に向けてご尽力くださった大修館書店の丸山真司さんに、この場を借りてお礼を申し上げます。

そして最後に、いつも私に寄り添い、絶え間ない勇気づけを与えてくれる母と二匹のワンコたちに、心からの感謝を表します。ありがとうございました。

内田　若希

著者紹介

内田 若希（九州大学大学院人間環境学研究院・准教授）

（担当箇所：プロローグ、Part 1～4、エピローグ）


2006年九州大学大学院人間環境学府にて博士（心理学）取得。2006年日本学術振興会特別研究員、2007年福岡県立大学人間社会学部助手、2009年北九州市立大学基盤教育センター准教授を経て、2012年九州大学健康科学センター講師に着任。2013年に九州大学大学院人間環境学研究院講師に異動、2020年より現職。

専門は、運動・スポーツ心理学、個人心理学（アドラー心理学）、アダプテッド・スポーツ科学。スポーツメンタルトレーニング上級指導士（日本スポーツ心理学会）、アドラー・カウンセラー（日本アドラー・カウンセラー協会）取得。2006年より、日本パラリンピック委員会の心理スタッフとして、パラアスリートやコーチの心理サポートに従事。東京2020パラリンピック競技大会に、村外サポートスタッフとして帯同。

主な著書に、『自己の可能性を拓く心理学: パラアスリートのライフストーリー』（金子書房、2017）、『スポーツ選手のためのアドラー心理学』（大修館書店、2021）など。

河津 慶太（九州大学大学院人間環境学研究院・学術協力研究員）

（担当箇所：Column）


2012年九州大学大学院人間環境学府にて博士（人間環境学）取得。2012年財団法人福岡市体育協会（現在は公益財団法人福岡市スポーツ協会）スポーツトレーナー、2014年九州大学大学院人間環境学研究院・学術協力研究員（現在に至る）。

専門は、運動・スポーツ心理学、個人心理学（アドラー心理学）。スポーツメンタルトレーニング指導士（日本スポーツ心理学会）取得。2017年より、日本パラリンピック委員会の心理スタッフとして、パラアスリートやコーチの心理サポートに従事。東京2020パラリンピック競技大会に向けて複数名の出場選手をサポート。

主な著書（分担執筆）に、『スポーツモチベーション』（大修館書店、2013）。

生《い》き方《かた》がラクになる『ハイキュー!!』の言《こと》葉《ば》
――アドラー心《しん》理《り》学《がく》で読《よ》み解《と》き心《こころ》を整《ととの》える

NDC780 ／ ix, 151p ／ 19cm

初版第 1 刷――2024 年 2 月 1 日
第 4 刷――2024 年 11 月 1 日

著者――内《うち》田《だ》若《わか》希《き》・河《かわ》津《づ》慶《けい》太《た》

発行者――鈴木一行

発行所――株式会社 大修館書店
〒 113-8541 東京都文京区湯島 2-1-1
電話 03-3868-2651（営業部）
03-3868-2298（編集部）
振替 00190-7-40504
［出版情報］ https://www.taishukan.co.jp/

装丁者――相羽裕太（明昌堂）
イラスト―― ERC
組版所――明昌堂
印刷所――横山印刷
製本所――難波製本

ISBN 978-4-469-26974-1